慶應幼稚舎の秘密

田中幾太郎
Tanaka Ikutaro

ベスト新書
600

まえがき——どんな子どもにでも幼稚舎に合格するチャンスはある

「理Ⅲより難しい」

慶應義塾幼稚舎の入試を評するときによく使われる表現だ。ここでいう「理Ⅲ」とは東京大学理科Ⅲ類。国内の大学入試で最難関とされる東大医学部である。東大入試の6つある科類（文科Ⅰ～Ⅲ類、理科Ⅰ～Ⅲ類）で圧倒的な難易度を持つのが理Ⅲであり、全国に82ある医学部の中でも、断トツの偏差値を誇っている。

最近は、理Ⅲの現役学生がテレビのクイズ番組に登場しては、その〝頭の良さ〟を嫌味なほどにひけらかす場面をよく目にする。彼らのキャラクターのせいもあって、言い方は悪いが、「偏差値オタク」との呼称が理Ⅲの代名詞になっているほどだ。

もちろん、こうした層は理Ⅲ学生の一部にすぎないのだが、彼らが何を目指しているのか、さっぱりわからなくなることも多い。その行動を見れば見るほど、本当に医者になりたいのか、怪しくなってくるのだ。

理Ⅲに合格しただけでは飽き足らず、今度は文科系のジャンルにまで触手を伸ばすケースもよく見られる。入学定員100人の理Ⅲほど狭き門ではないが、同様に難易度が高い司法試験や公認会計士試験にも挑戦し、そこでも合格。ただ、自身の優秀さを証明したいがために、こうした空しい生き方を繰り返しているモラトリアム人間が少なくないのも事実なのである。

そんな彼らがもし若返って、幼稚舎の入試に挑戦できたとしても、まず合格できないだろう。ここの入試は偏差値オタクでは決して通用しない独特のものがあるのだ。

過去の問題集を見ても、そのハードルはそれほど高くは感じられないはずだ。準備さえしっかりすれば、簡単に越えられそうに映る。が、現実には偏差値教育に慣らされてきた人間が考える対策の大半は役に立たない。用意周到な準備がむしろ、マイナスになることもありうるくらいだ。

幼稚舎の入試に関し、まず述べておきたいのは、ペーパーテストの類が一切ないことだ。合否を判定する側からすれば、客観的に得点がつけられるペーパーテストのほうが楽なのは明らか。たとえば、〝第二の幼稚舎〟として2013年に開校した「慶應義塾横浜初等部」は、入試の一部にペーパーテストを導入している。だが、そうした得点による順位をつける方式で、受験者をふるいにかけることを本家・幼稚舎は意識的に拒絶しているのだ。

「訓練によって、偏差値はある程度、上げることができる。でも、幼稚舎が求めるのはそうした生徒ではないのです」と話すのは、かつて同校の運営にかかわっていた人物だ。では、幼稚舎はどういう生徒を求めているのだろうか。

「その定型がないのです。これだけ出来たら合格できるという決まった形はない。学校側は、将来、創造力が大きく膨らんでいく可能性のある、型にはまらない子どもを求めている。一方、学力における偏差値の高さは、決まった範囲の勉強が他の子どもよりできるということを示しているにすぎない。レールの上に乗って先を急ぐだけの競争は、幼稚舎の教育とは相容れないもの。逆にいえば、素直な育ち方をしてきた子どもであれば、誰にでも合格するチャンスはあるのです」(同)

幼稚舎に入る最大のメリットとして、私学の雄である慶應義塾大学にエスカレーター式に上がれることを挙げる人が多い。たしかに、小さくない長所であることは間違いない。だが、それはブランド大学への入学が約束されているからという意味ではない。中学、高校、大学への受験を経験しなくてすむのが大きいのである。伸び伸びと学園生活を送れるのは、子どもにとって何物にも代えがたいアドバンテージなのだ。

幼稚舎入学によって得られる真のメリットは、慶應というブランド価値よりも、実質的な優位性。それは、1874年の開校以来、試行錯誤を繰り返しながら完成された幼稚舎の教育システムである。自由闊達な校風を背景に、国内の小学校で、もっとも優れた方式を実現しているといっても過言ではない。その具体的な内容については、本編の第1章と2章でくわしくリポートする。

それを可能とするひとつの要素として、偏差値のようなものとまったく無縁の環境にあることが挙げられるだろう。他者との比較をする必要がないというのは、生徒たちにとって幸福なことなのだ。

筆者はここ数年、週刊誌で「同窓会の研究」というシリーズを不定期連載している。最初は大学編から始まり、現在は高校編を学校ごとにリポート。OB・OGたちが卒業後も母校とのつながりを大事にしながら、いかに社会で活躍しているかを描くものだが、取材していて、愕然とさせられることがあった。

東大理Ⅲにもたくさんの卒業生を送り込んでいる名門高校を取り上げたときのことだ。同校から国立大医学部に進み、大学病院で外科医となっているOBにインタビューした。高校卒業から40年も経っているのに、「東大に進んだヤツらにはかなわない」と、自身を卑下するような言葉を口にするのである。これはあまりに不幸ではないかと感じた。偏差値による価値判断をいまだに引きずっているのだ。

幼稚舎出身者の多くは幸いにも、そうした物差しを持っていない。他者との比較にエネルギーを使う必要がないぶん、社会に出てからも非常に幸福度は高いようだ。本編で、そうした幼稚舎の強さの秘密をより具体的に解き明かしていくことにする。

◆目次

第3章　「お受験」への向き合い方　75

第5章　幼稚舎出身者の強烈な慶應愛 157

第1章

圧倒的優位を誇る英語と理科

国内ナンバーワンの英語教育

慶應義塾幼稚舎に合格するのに「コネは必要か」の問いは、同校を目指す父兄の多くが持つ疑問だろう。答えはYESでもNOでもない。昔ならいざ知らず、現在はいわゆる誰か有力者に頼んで便宜を図ってもらうようなコネは存在しない。

一方、父母、兄弟をはじめ、近親者に慶應出身者がいると有利に働くという意味のコネは存在する。ただし、それは圧倒的有利さではなく、多少プラスになるという程度。判定する側に、この子には慶應出身の親や兄・姉がいるから加点しようというような意思があるわけではない。慶應の精神、福澤諭吉の理念を知っていて、子育てに反映されている場合に、学校側が求めるものと合致するという意味での有利さである。その恩恵を受けられるのは、家庭内に慶應出身者がいる場合が多いのは説明するまでもないだろう。

その内実については第2章で触れるが、いずれにしても、近親者に慶應出身者がいないからといって、不利になるわけではなく、結局は学校側が何を求めているかを理解することと、その子の育ち方が合否を大きく左右する。簡単にいってしまえば、いかに伸び伸びと育ってきたかを学校側は見きわめるのである。そして、この幼稚舎はその天真爛漫な子の才能をさらに伸ばすのに、もっとも相応しい小学校なのだ。まずはこの第1章では、幼稚舎がどんな学校なのかを見ていきたい。

幼稚舎を創った和田義郎という人物

幼稚舎の前身は「和田塾」と呼ばれ、1874年（明治7年）にスタート。日本で最初の私立小学校だった。その6年後には「慶應義塾幼稚舎」と、現在の校名となった。創始者は福澤諭吉の高弟・和田義郎。初代舎長（校長）を務めた。

創設は福澤の要請によるものだった。4男5女の子だくさんの福澤は、自身の子どもが小学校に上がる頃になると、もっと理想的な学校があればいいと切望するようになっていた。そこで白羽の矢を立てたのが、慶應義塾のある三田の山の上に住んでいた和田義郎だった。

和田は紀州和歌山藩の出身。藩の選抜留学生として東上し、福澤の塾に入った。その聡明さ、温厚な人柄を福澤は早くから買っていたが、その一方でこの和田という人物は荒々しさも持ち合わせていた。福澤は『福翁自伝』の中で、書生時代の和田の豪傑ぶりを示す逸話を紹介している。

和田が仲間たち2、3人と赤羽橋（東京・港区）あたりを散歩していると、前方から壮士（職業的政治活動家）の大集団が歩いてくる。それを見た和田は道の真ん中で立ち小便を始めた。壮士たちが怒りだすかと思いきや、その気迫に押されたのか、小便を続ける和田を避けて通りすぎていったという。

往来で用を足すなど、誉められたものではないが、このエピソードは福澤をえらく喜ばせたらしい。和田に対する評価は一気に上がった。あえていえば、福澤は粗野な部分を持つ人間を好んだのである。逞《たくま》しく荒削りな面がなければ、本当の意味で子どもの教育などできない。和田は駆けずり回る子どもと一緒になって、遊ぶことができる人間だった。大の子ども好きだったのだ。

夫人との間に子を授かることがなかった和田は、福澤の独自の小学校を創りたいという要請に喜んで応じ、幼い子ら数人を自宅に寄宿させ、和田塾、そして幼稚舎が開校することになったのである。

福澤諭吉の先見性

福澤諭吉が和田義郎を抜擢したのには、もうひとつ理由があった。和田の英語力である。自ら『英吉利（イギリス）史略』という翻訳を手がけ、私家版として発刊するほどで、当時としては傑出した英語の能力を持っていた。

一方、これからの日本人にとって、いかに英語が大事かに気づいていた福澤は、その習得のためには、勉強をできるだけ早く始めたほうがいいとも感じていた。小学校教育の段階で英語を取り入れるには、和田はうってつけの人材だったというわけだ。

福澤が英語習得をどれだけ重要視していたかは、慶應義塾の成り立ちからもうかがい知れる。幕末に英語塾として発展したという経緯を見てもわかる通り、福澤がもっとも力を入れていたのは英語教育なのだ。

ただ、福澤は最初から英語を重視していたわけではなかった。中津藩（大分県）の下級藩士の子として生まれた福澤は19歳のとき、長崎に行き蘭学を学んだ。その後、大坂でも蘭学を学んだのち、藩の命を受け、江戸に出府。築地鉄砲洲（中央区明石町）にあった藩の中屋敷で蘭学塾「一小家塾」を開校した。福澤が25歳のときだった。

自分のオランダ語がどれだけ通用するのか、福澤は腕試しに横浜の外国人居留地を訪ねた。ところが、街ゆく人々にオランダ語で声をかけても、キョトンとされるばかりだった。街中の看板に書いてある言葉も、福澤には意味がわからなかった。やっとひとり、オランダ語が少しわかるドイツ系の商人に出会った。その人物から、ヨーロッパではもはやオランダ語は主要な言語ではなくなっていることを聞き、福澤は愕然とする。この数年間、学んできたものがいまや役に立たないことをそのとき初めて知ったのである。

しかし、そこでいつまでも落ち込んでいるような福澤ではなかった。落胆しているひまはないとばかり、世界を席巻する言語となっている英語の勉強をすぐに始めるのである。その切り替えの早さは福澤ならではだった。当時としてはめずらしいほどの合理的な考えの持ち主だったのである。

福澤は1859年、咸臨丸《かんりんまる》によって渡米。1862年には幕府遣欧使節団に参加し渡欧している。特に、この2回目の洋行は福澤の教育に対する姿勢に大きな影響を与えた。ロンドンに45日間滞在した福澤は、欧米の国々と互角に渡り合うには、何より英語が不可欠であることを再認識させられた。

さらにこの間、福澤は慶應の将来にかかわるヒントを得る。ロンドンのサマセット・ハウスにあるキングス・カレッジ・スクール・オブ・ボーイズを見学。子どもから大人まで

咸臨丸で渡米した福沢諭吉ら6人、右から福沢諭吉、岡田井蔵、肥田浜五郎、小永井五八郎、浜口与右衛門、根津欽次郎。1860年撮影。写真＝毎日新聞／アフロ

が学ぶ現場を目の当たりにして、ぜひともこうした教育システムを取り入れたいと考えるようになる。それがのちの、小学校から大学までの一貫教育の構想につながっていく。真の「塾生（慶應生）」を生むべく、一貫教育のカリキュラムが練られていったのである。

極端な言い方をすれば、福澤のイメージする「慶應教育」とは、カリキュラムの出発点を担う幼稚舎から学ぶことによってしか、完結しないのだ。そして、その一貫教育のスタートとなる和田塾・幼稚舎では、最初から英語を教科として組み込んだのである。

和田も英語の授業で教壇に立ったが、さらにより良い英語教育を取り入れるために、開校から5年後の1879年には、ネイティブ

スピーカーであるアメリカ人教師を雇い入れている。福澤がいかに、英語教育に力を入れていたかがわかるだろう。開校から現在まで、幼稚舎で英語の授業がなかったのは、戦時中の1944〜1945年と、終戦後の1946年の3年間しかないのだ。

いまでこそ、英語の授業を取り入れる私立の小学校はめずらしくなくなったが、それを140数年前から導入した福澤の先見性には驚かされるばかりだ。2年間の移行期間を経て、2020年度からは全国の小学校で5年生と6年生の教科に正式に英語が加えられることになったが、やっと時代が追いついてきた感がある。

真の「国際人」になるために

公立の小学校でも英語教育が本格的にスタートするといっても、先行する幼稚舎にはそう簡単には追いつけないだろう。〝一日の長〟ならぬ、140数年の溝はなかなか埋められるものではない。

文部科学省の指針では、3年生と4年生で外国語活動、5年生と6年生で英語が正式な教科に採用されることになっている。これを全国の小学校で実施するとしても、全体としてレベルをどこまで引き上げられるかはいささか疑問。各校でバラバラの状態におちいるのは避けられないだろう。

一方、幼稚舎はその長年の経験によって、しっかりしたカリキュラムが確立している。1年生から3年生は歌や遊びを通して英語に馴れ親しむ期間。4年生以降は少人数制を取り入れ、会話する機会を増やしている。

1992年から1999年にかけ、幼稚舎長を務めた中川真弥氏は、英語科のカリキュラムをつくるにあたって、『福澤諭吉の小学塾 慶應義塾幼稚舎』（萱原書房、1999年刊）という本の中で、次の5つの目的を挙げている。
①子どもたちが英語は楽しいと思うような環境づくりをする。
②言葉は使ってこそ面白いことを子どもたちに発見させる。
③英語が世界の共通語としての役割を果たしている現在、コミュニケーションのツールとして有効であることを気づかせる。
④異文化に接する際に「顔は違っていても根は同じである」という認識を子どもたちがつくり上げることができる実際の場面をなるべく多く提供する。
⑤世界中のどんな人と会っても、自分らしい自然な振る舞いができるよう、子どもたちを励ます。

①〜③は〝なるほど〟という感じだが、④と⑤には少し違和感を持つ人も多いのではないだろうか。人間教育には非常に重要なことだが、あえて英語科のカリキュラムにこうした目的を盛り込む必要があったのかどうか。だが、これには明確な理由というか、きっかけとなる出来事があったのだ。

中川氏の述懐によると、それは1970年代後半に起きた。幼稚舎で英語の講師をしていた外国人女性が10歳になる娘を学校に連れてきた。4年生のクラスで一日一緒にすごしたが、翌日からは姿を見せなくなってしまった。「日本の学校は怖い」というのがその理由だった。彼女の金髪がめずらしくて、生徒たちが次々に触りにきたのだ。中川氏は前出の本の中で、次のように語っている。

「このことに私は大変なショックを受けました。日本の子どもたちの中でも、かなり外国人との接触が多く、英語にも慣れていると思っていた幼稚舎生がそうした有り様ではとても国際感覚が育っているとはいえません」

幼稚舎の英語教育が目指す地平は、福澤諭吉が掲げる「世界に通用する真の国際人を日本から輩出する」ことである。にもかかわらず、そうした理想とは逆行するような現実を見せられた中川氏は、愕然としたのだった。さらに、中川氏はこう続ける。

「クラスの友達がみんな髪の毛が黒い、そうした環境では『皆違って皆よい』という感慨が実感として持てないだろうと思いました。ですから、当時そうしたことからも異文化の世界を島国日本の子どもたちが知り、身につけることは容易ではないと――」

英語科のカリキュラム作成に際し、前述の④と⑤の目的を盛り込んだのは、福澤の思い描く国際人たる条件を満たすのに必要でありながら、私たち日本人が体感的になかなか気づきにくい部分だからだ。理屈ではわかっていても、実感として乏しいこうした感覚を生徒にいかに身につけさせるかに、その後、中川氏はいろいろ頭をめぐらすことになるのである。

さまざまな国際交流プログラム

英語を通して、幼稚舎生に自然に国際感覚を身につけさせるにはどうしたらいいか。長い時間をかけて、中川真弥氏らが出した結論は、生徒たちに海外経験の機会を与えることだった。中川氏は舎長に就任すると、それを次々に実行に移した。

最初の試みは、1994年8月にスタートした「モホーク・デイ・キャンプ」。その前年、アメリカ・ニューヨーク州ホワイトプレーンズでサマーキャンプを開いているスタッフが来日。幼稚舎に寄った際、生徒を同キャンプに参加させないかとの提案があり、実現したものだ。幼稚舎関係者は「タイミングもすごくよかった」と振り返る。「1990年に慶應義塾が中学3年生から高校3年生を対象にした『慶應義塾ニューヨーク学院』を創設。夏休みの期間はここの学生寮が空くので、幼稚舎生が使わせてもらえることになった。こうして安全が確保される環境があったおかげで、準備期間わずか半年足らずで実現に漕ぎ着けたんです」

このキャンプは、アメリカ東部の子どもたちを中心に、毎年900人近くが集まる有名なイベントのひとつ。幼稚舎からは4～6年生の有志が参加。1994年以来、現在までずっと続いている人気のプログラムになっている。

「参加した生徒たちが帰国すると、外国人を前にして、臆することなく会話できるようになっている」と、幼稚舎関係者はその効果を強調する。

1995年からは、イギリスのオックスフォードにある世界的な名門小学校「ドラゴンスクール」との相互ホームステイが実現。毎春、幼稚舎の6年生12人がドラゴンスクールに通う生徒の家庭にホームステイしながら、学校での授業を受ける。また、秋にはドラゴンスクールの生徒が来日。幼稚舎生の家庭にホームステイする。これも、現在までずっと続く重要なプログラムになっている。

　イギリスでのプログラムでは、6年生を対象にしたサマースクールもある。8人の生徒にひとりのイギリス人教員がつき、教室での英語の勉強や、野外でのフィールドワークが組まれている。宿泊場所はホテルを使う。

　一方で人気がありながら途中で頓挫したプログラムもある。イギリス・ケンブリッジの東側にあるベリー・セント・エドマンズという街での英語合宿だ。

「慶應義塾が借りていた宿舎を幼稚舎でも使わせてもらえることになり、実現した企画です。レンガ造りのその建物は、元々は王侯貴族の館で、宿泊棟には70室を超える部屋があるという立派なもの。それぞれの部屋にベッド、学習机、バス・トイレなどが備えつけられ、参加した幼稚舎生にはひとり一部屋があてがわれるのです」（幼稚舎関係者）

　現地で生徒の面倒を見たのは、英語教育で高い評価を受けるベル・ランゲージ・スクールのケンブリッジ校の教師たち。クラスは4つあり、ひとりの教師が生徒6人を受け持ち、1週間を一緒にすごす。

　午前中は朝食後に、午後の活動のための英語の予習。たとえば、昼食のあと、水族館に行く予定が入っているとしたら、魚や海洋動物の名前や海に関する用語など、必要な英単語を学習しておくのである。

水泳、川遊び、野外や名所でのスケッチ、さまざまなゲーム、宿舎でのお菓子作りなど、子どもたちを飽きさせない企画がたくさん組まれ、最終日の夜はディスコ大会。濃縮した1週間があっという間に終わり、一生忘れない思い出が生徒たちの脳裏に刻み込まれるのだ。

「希望者は多かったのですが、残念ながら、このプログラムは5回で打ち切りになってしまいました。財政上の問題で、慶應義塾がここを借り続けるのが難しくなってしまったからです」（幼稚舎関係者）

この英語合宿を除けば、1990年代にスタートしたプログラムの多くは現在も継続。どの企画も、単に英語を学ぶだけでなく、生徒たちの全人的な向上に役立ってきた。福澤諭吉が希求する「真の国際人」を誕生させるのに、大いに貢献しているといえるだろう。

第1章の最初に、「幼稚舎の英語」を取り上げたのは、それだけでもこの学校に通わせる価値が大きいと感じたからだ。140数年にわたって試行錯誤を繰り返しながら、創り上げてきた英語教育の歴史は、他校では決して真似できない成果なのである。

理科教育に力を入れる理由

英語と並んで、幼稚舎が圧倒的優位を誇っているのが理科。その内容、施設、理念のどれをとっても、他の追随を許さない。海外の小学校と比較しても、これだけ理科が充実している学校はないだろう。それは単にレベルが高いという意味ではない。生徒が理科を好きになれるように、授業にさまざまな工夫が施されているのだ。

幼稚舎が授業に理科を取り入れたのは、英語と同じく、学校が開校した1874年。かつて蘭学を学んだ福澤諭吉は科学分野を非常に重視していたという。ただし、まだ科学を総合的に扱う「理科」という科目はなく、幼稚舎の授業では地質学、人身窮理（生理学）、博物史などに細分化されていた。その後、物理学、生物学、化学などが科目として加えられていった。いずれも、その初歩を学んだようだが、これらの仰々しい科目名を見ると、当時の小学生の興味をどれだけ惹くことができたのかはやや疑問が残る。

科学全般を網羅する「理科」を科目として採用するのは1892年。公立の高等小学校（10～14歳）ではすでに1886年に採用されており、幼稚舎があとから追随した格好だ。

内容においても、特に幼稚舎が先行していたわけではなかった。「幼稚舎の理科」が注目を集めるのは1911年のこと。小学校としては、日本で初めて、理科実験室をつくったのだ。幼稚舎が三田の山の上にあった時代で、そこに木造2階建ての本格的な実験室を建造したのである。

このときから、理科の授業はクラスの担任ではなく、科学の専門知識を持つ専科教員が受け持つことになった。なお、科目によって、担任と専科教員が別々に授業を担当する方式は現在まで続いている。同方式を含め、幼稚舎の教育システムについては、次章でくわしくリポートする。

五感で感じ取る「直接経験重視」

いまや「幼稚舎の理科」は、ひとつのブランドとして定着。特別視される最大の理由は、理科の専科教員の間で継承されてきた基本となる哲学があるからだ。それは「直接経験重視」と「採集理科」の二本柱である。

「直接経験重視」とは、自分の目で対象物を直接、観察すること。教科書を見て、文字、表、絵、写真などから情報を得るだけでは不十分だといっているのだ。

現代社会においては、パソコンやスマートフォンでインターネットを開けば、大半の情報は簡単に得られる。時間も短くて済み、非常に効率的なのはたしかだ。しかし、右から左に通りすぎていく情報がどれだけ私たちの頭の中に残るだろうか。あまりに安直すぎるがゆえに、その取っ掛かりとなるものが少なく、記憶の片隅からポトンと転げ落ちてしまうのだ。そして、たとえその情報を忘れても、再び機械を操作すれば、すぐに同じ内容のものを得られるのである。

パソコンやインターネットを使いこなすことは重要だが、自分の頭で考える前に、そうした手段で情報を引き出すことが日常化してしまうと、どうなるだろうか。少なくとも、成長期にある子どもにとって、こうした繰り返しがプラスにならないのは明らかだろう。

本やインターネットから情報を得るやり方に慣れても、それは決して考えることにはつながらない。情報が氾濫するこの時代に大切なのは、自分の頭で考える習慣を身につけることなのだ。それは、幼稚舎がもっとも重要視している指針にもつながる。福澤諭吉が提唱する「独立自尊」の精神である。

その意味は「自他の尊厳を守り、何事も自分の判断・責任で行う」こと。つまり、大事なのは自分で物事を見きわめる能力を養うことなのだ。当然ながら、それは幼いうちからの経験によって身につくのであり、幼稚舎の使命はそのサポートをすることにある。特に幼稚舎では、生徒のそうした能力を向上させるための教科として、理科が位置づけられているのである。

幼稚舎が他校に先がけて理科実験室をつくったのも、この「直接経験重視」の考えからだった。生徒自身が実験を行い、何が目の前で起こるのかを自分の目で確かめる。本を読むだけでは決して得られない生きた情報を目、耳、鼻、肌、さらには場合によっては舌で感じ取るのである。

ワクワクする「採集理科」

もう一方の「採集理科」は文字通り、採集することである。昆虫、魚貝類、植物、化石、鉱物などを、子どもたちが自分の手で採集する大切さを表したものだ。その場で自然と触れ合うだけでなく、採集したものを持ち帰って、じっくりと観察することもできる。さらには、昆虫や魚貝類を飼育したり、植物を育てることによって、生き物の成長や変化を追うこともできるのだ。

こうした行動はまさに、もうひとつの柱の「直接経験重視」にもつながっていくわけだが、この「採集理科」の目的は、自然との触れ合いや観察によって得られる経験だけではない。もっとも大切なのは、それが楽しいかどうか。その答えは間違いなく、ＹＥＳである。決めつけるわけにはいかないが、子どもにとって多くの場合、動植物や鉱物を採集する行為は楽しいのである。

幼稚舎生に限らず、かつての小学生は林の中での昆虫採集、潮だまりでの水生動物採集、山野での植物採集に、ワクワクしながらいそしんだものだった。どこか、本能的な部分をくすぐられるところがあるのだろう。夏休みになると、男女を問わず、野外を駆けずり回るのが当たり前だった。

ただ、こうした採集を学校側が率先して企画するケースは少なかった。それを教育機会として捉えたのが幼稚舎だった。といっても、堅苦しく構えたものではなく、前述したように、生徒の楽しさを何より優先した。

だが、１９７０年代に入ると、世間の風潮は大きく変わってくる。幼稚舎の現役の理科専任教員やそのＯＢらがまとめた単行本『慶應義塾幼稚舎の理科教育』（慶應義塾幼稚舎２０１３年刊）の中で、相場博明教諭が次のように述べている。

「自然保護の観点から、採集は悪いことであるという風潮が高まり、児童による昆虫採集、植物採集が激減した。しかし、実際に昆虫や植物を絶滅の危機に追いやっているのは、その環境を破壊している社会であり、子どもの採集圧で絶滅した例はない」

こうした風潮は、幼稚舎にも少なからず影響を与えた。従来の採集プログラムがさまざまな制約を受けるようになってきたのだ。そこで、理科教員陣は時代に合わせた新たな工夫を模索することになる。「直接経験重視」とは相反するが、機器を使った間接経験も取り入れることにしたのである。

その場所での採集が規制されている場合、生徒たちにスケッチさせたり、デジタルカメラなどで写真や動画を撮影させて、授業で活用するのだ。また、教員が採集してきたものを教室に運び、それを生徒に観察させるという授業も行っている。

「教室に持ち込んだ自然でも、大きな教育効果があり、これも可能な限り実施している」(『慶應義塾幼稚舎の理科教育』より相場教諭)という。

高原学校で山菜やキノコを採集

採集を問題視する近年の風潮は、子どもの野外活動まで後退させてしまった。幼稚舎もその影響を受けているわけだが、「直接経験重視」と「採集理科」の哲学を守ろうとする姿勢は変わっていない。その砦となっているのが、幼稚舎で明治時代以来続く林間学校や海浜学校だ。

幼稚舎の理科教育にとって現在、大きな役割を担っている場所のひとつが、長野県蓼科高原にある「慶應義塾立科山荘」だ。慶應義塾が大学や一貫校のゼミ活動、クラブ合宿、教育プログラムなどのために、1973年に開設。20万㎡近い広大な敷地を擁している。幼稚舎では開設の翌年から、5年生と6年生が林間学校として利用。「立科高原学校」という名称がつけられている。

毎年6月初めに8～10泊の日程で行われる6年生の高原学校は、標高差約1000mもある蓼科山（標高2531m）への登山、野焼きによる縄文式土器の作製など、盛りだくさんのイベントが組まれている。

特に重要なのは、高原植物を対象とした「採集理科」。現地に到着すると、まずは駐車場から山荘の門までの道端に生えているさまざまな高原植物を観察。生徒たちは教員の解説を聞きながら、メモを取ったり、スケッチをする。

一段落したら、次は6年生の高原学校のメインイベント。山菜採集である。立科山荘の周辺は山菜の宝庫。しかも、このあたりの6月初旬はまだ春で、いろいろな植物が芽吹く最盛期だ。

この山菜採集も、生徒がより楽しめるように、ゲーム要素を取り入れている。生徒たちをグループ分けして、採集を開始。教員があらかじめ指定した山菜を採ってくると、その数に応じて、ポイントが加算される。逆に、間違って毒のある植物を採集したら、ペナルティが科せられる。そうやって、グループごとにポイントを競うのである。

こうしてゲーム感覚で「採集理科」を楽しんだら、今度は舌で「直接体験重視」を実体験する。採集してきた山菜を自分たちで料理して、旬の味を堪能するのだ。調理方法は天ぷら。ほとんどの生徒にとっては、油で揚げる行為は初めての経験だ。教員は十分に注意を伝えたら、あとは手を出さず、見守るだけ。完成まですべてを生徒たちで行う。

そして、試食。食べ盛りの6年生たちは、あまりの美味しさに感嘆の声を上げながら、次々に箸を伸ばし、用意した山菜はあっという間になくなってしまうという。

一方、5年生の高原学校は9月下旬〜10月上旬に7〜8泊で行われる。ちょうど、キノコの最盛期。理科の学習として、キノコの採集が取り入れられている。生徒は一人ひとり、カラー図鑑を片手に、林の中でキノコを探す。

ただし、こちらは6年生と違って、舌での「直接体験重視」は行わない。食べられる種類と見た目がよく似ている毒キノコも少なくないからだ。図鑑の写真と見比べて、明らかに大丈夫そうな場合、「試食したい」という声が生徒から出ることもある。が、万が一を考え、採集してきたキノコはスケッチするだけにとどめている。

かつては、この高原学校で鉱物採集もスケジュールに組み込まれていた。立科山荘から西に行った和田峠という場所で、黒曜石やガーネットなど、希少な鉱物を採集できたのだ。幼稚舎では土地の所有者に許可を取って、「採集理科」の一環として、鉱物採集を続けてきたが、2008年を最後に中断している。不法侵入者があとを絶たず、現場が荒れてきたため、所有者から入山を見合わせてほしいと申し入れがあったのだ。

この高原学校での理科プログラムには、5年生と6年生それぞれが行う星空観察会もある。夜8時、立科山荘敷地内のグラウンドに参加者全員が集合。教員による星座の説明を聞きながら、満天の星空を楽しむ。5年生と6年生で季節が違うので、見える星座が異なるところがポイント。生徒たちは学年をまたいで、季節によって見える星座が変わるのは公転によるものだということを「直接経験」によって学ぶのである。

まずはからだを鍛える

海浜学校（臨海学校）も明治以来続く幼稚舎の重要なプログラムだが、何度か中断しており、その位置づけも必ずしもはっきりしていなかった。ある時期は水泳中心、また別の時期は理科教育中心と、時代によってその目的がいろいろと変遷してきた。

理科教育の観点から見ると、過去にもっとも充実していたのは大正後期だった。それまで夏季に行っていた海浜学校を春季にシフト。神奈川県葉山で「直接経験重視」や「採集理科」の理念に基づき、さまざまな試みにチャレンジしている。磯の生き物を採集して標本をつくったり、海水から塩の結晶になる過程を観察。上げ潮と下げ潮の水位や時間を測って、潮汐の仕組みを実証するなど、本格的なものだった。

「幼稚舎の理科ここにあり」と称賛されるほど、その充実ぶりは目を見張るものだったが、昭和に入ると突然、海浜学校のプログラムが幼稚舎の行事から消えてしまう。幼稚舎の歴史にくわしい同校OBは、次のように話す。

「当時、母体の慶應義塾の財政が逼迫《ひっぱく》。幼稚舎も緊縮財政を余儀なくされ、さまざまな行事がそのあおりを受けることになったようです」

海浜学校が再開したのは1949年。明治の頃の水泳中心の海浜学校に逆戻りしてしまった。葉山にあった慶應大水泳部の合宿所を宿舎として使ったことも影響したのかもしれない。そうした環境の中で、理科を優先するわけにはいかなかったに違いない。

何より、教員陣は生徒たちのからだを鍛えることが先決だと考えたのだろう。終戦から4年が経ち、国内は復興に向かって活発に動きだしていたものの、まだ決して食料事情は良くなかった。さらにいえば、この時期の生徒たちは、さらに食料事情の悪かった戦時中に幼少期をすごした。彼らのからだは、他の時代に育った少年少女たちに比べると、少し見劣りがしたのだった。

しかも、幼稚舎の教育方針に照らしても、からだを鍛えることは非常に重要な意味を持っていた。福澤諭吉は初等教育に対して、「先ず獣身を成して而《しこう》して後に人心を養う」という考えを持っていた。人がしっかり育つには、まずは強い肉体が必要だというのである。これがそのまま、前出の「独立自尊」とともに、幼稚舎のもっとも大切な理念となっているのだ。そうしたことを踏まえると、この時代には海浜学校が水泳中心になるのも致し方なかった。

ところが、この海浜学校も再び、中断してしまう。1958年に幼稚舎（東京・広尾）の校内にプールが完成すると、海浜学校の実施が見合わされることになったのだ。

「その頃、生活に少し余裕が出てきた日本では、レジャーに目が向けられるようになっていたんです。首都圏有数の海水浴場がある葉山には、観光客がどっと押し寄せるようになり、生徒たちがゆっくり泳ぐどころではなくなってしまった。ちょうどそんなときにプールができ、水泳が目的なら、海浜学校がどうしても必要という感じではなくなっていたんです」（幼稚舎関係者）

「貝がら検定」で海浜学校の楽しさが倍増

9年間、中断したままだった海浜学校が再開したのは1967年のことだった。

「海浜学校が中断している間、4～6年生はそれぞれ、高原学校に行っていたんです。ところが、教員の間から4年生には海浜学校を実施したほうがいいのではという声が出始めた。4年生の教科書には、海辺での生き物の話がたくさん出てくる。なのに現場を訪れないというのは、幼稚舎の『直接経験重視』や『採集理科』の方針に反しているのではないかというわけです。そこで、いろいろ場所を探して、千葉県の館山で4年生の生徒が全員泊まれる宿舎を確保。理科中心の海浜学校を再開することになったんです」（幼稚舎関係者）

以降、毎年春、館山で4年生を対象とした海浜学校が開かれるようになった。日程は3泊4日。幼稚舎生は3年生のときに、秩父や蓼科で1～2泊の宿泊遠足をすでに経験しているとはいえ、本格的な共同生活は初めて。理科の学習だけでなく、人間としての成長も含め、非常に意義のある教育プログラムとなっている。

現地では、磯の生き物の採集。ヤドカリ、ヒトデ、イソギンチャク、アメフラシをはじめ、見つかる種類は多岐にわたる。メインは、砂浜での貝がら採集。打ち上げられたさまざまな種類の貝がらを集める。30種類以上、見つけることが目標として設定されている。

貝がら採集をさらに面白くするために、理科の教員陣は「貝がら検定」なるものを発案した。海浜学校に行く前に、貝がらの標本を見て、何種類の名前を当てられるかで、級(5～1級)や段(初段～十段)を認定するというもの。級・段を獲得すれば、認定証が発行される。こうして貝の名前を覚えておけば、現地での貝がら集めにより熱中できるのだ。

中には、貝類のことをもっと知りたいという生徒も出現。海浜学校から東京に戻ってきてからも、さらに級・段を上げようと、貝がら検定に再チャレンジする生徒も多いという。

斬新なアイデアで教育界を牽引

小学校2年生までの低学年の「理科」は学習指導要領の1989年度改訂（1992年度施行）により、社会科とともに廃止。代わって、生活科という教科が設けられた。理科に特に力を入れてきた幼稚舎では、2年生の生活科で理科の専科教員が理科的要素を盛り込んだ授業を行っている。

2年生の授業で特に重視しているのは、生徒たちに理科の面白さを知ってもらうこと。3年生から教科として始まる理科にスムーズに入っていくための準備期間と捉えている。興味を持たせるために、さまざまな「ものづくり」を授業に取り入れている。ここでも、「直接経験重視」と「採集理科」の理念が根底にある。ものづくりは科学の奥深さを体験できると同時に、完成品は持ち帰ることもでき、採集的な要素も含んでいるからだ。

生徒に人気の企画は「泥団子づくり」。かつてトライした経験がある人も多いのではないだろうか。土を丸くまとめてから、磨いていくと、ピカピカの玉が出来上がる。崩れたり、ひび割れたりしないようにするために、さまざまなコツがある。そして、根気よく磨き続けると、ガラスのような光沢を持った玉が出来上がる。土（幼稚舎ではテラコッタ粘土を使う）が光る玉に変身する不思議さに、生徒たちは感動するという。

こうしたものづくりの企画を教員たちはいくつも考え出し、生徒たちにトライさせているが、これ以外にも自然を観察する場を積極的に設けている。校庭内の植物の観察では、ただ見るだけでなく、秋には紅葉した葉を拾い集めたり、植物の種子を採集して図鑑をつくったりする「採集理科」を実践させている。

さらには、幼稚舎から首都高速を挟んで、地下道で渡る飛び地にある理科自然園のビオトープ（生物の生息場所）にも、生徒たちをたびたび連れていく。ここには湿地帯があり、さまざまな植物や昆虫類が見られる。大都市・東京のど真ん中にありながら、自然と触れ合える環境が整っているのだ。

正式な理科という教科がない2年生でも、幼稚舎ではこうして、科学的なセンスが磨かれていくのである。そうした意味で、前述したように、幼稚舎の理科教育は国内の小学校の中で、最先端を行っているといっても過言ではないのだ。同校が先行して生み出したカリキュラムに、他校が刺激を受け、後追いするケースも少なくない。そのひとつがプールに棲む水中昆虫を救おうという試みだった。

ヤゴ救出作戦

全国の多くの屋外プールは、消防法で防火用水に指定され、オフシーズンでも水を溜めておかなければならない。それは学校のプールでも同じ。水泳の時期が終わると、そこは水生昆虫の貴重な棲み家になるのだ。

前出の『慶應義塾幼稚舎の理科教育』によると、水泳シーズンが終わると、プールの水は1週間足らずで緑色に変色。植物プランクトンが発生したためで、次にそれを餌とするミジンコなどの動物プランクトンが大量に現れる。そして、これを餌とするトンボの幼虫のヤゴなどの水生昆虫がプールに棲みつくのである。さらにヤゴが成長していくと、プールの底に溜まった泥の中に出現したユスリカの幼虫の赤虫を捕食して、トンボになる準備をするのだ。

プールというあまり大きくない人工的な空間でも、自然界で起こる壮大な生態系が見られるわけだが、幼稚舎の理科教員陣の間で、残念に思うことがあった。水泳シーズン前にプールの清掃をしなければならず、その際に成虫になる前のヤゴをはじめ、ミズムシやゲンゴロウなど水生昆虫の多くが流出してしまうからだ。

これら水生昆虫をどうにか救わなければ……。しかも、これを生徒のための教材としても使えるのではないか。そう考えた理科教員陣は、あるプロジェクトを始めることにした。プールにいる水生昆虫を調べるとともに、その命をできる限り救うという試みだ。名づけて「ヤゴ救出作戦」。1997年のことである。

プールの水の深いところ、真ん中あたり、浅いところと三層に分け、水生昆虫をプールサイドからタモ網で採集。それぞれの層にどんな昆虫がいるか、生態はどうなっているかを調べる。この作業は、主に6年生（年度によっては4年生）が受け持つ。

層別調査が終わったら、次はプールを清掃する直前の6月上旬に、「ヤゴ救出作戦」の一番肝心な作業に移る。プールの水を30㎝まで減らし、その中に入り、できるだけ多くの水生昆虫を採集する。その役割を担うのは4年生。そうして集めた水中昆虫を分類して計数するのは、6年生の役目だ。

採集した水生昆虫の多くは校内にある池に放されるが、その一部は理科室に移されたり、生徒たちが持ち帰り飼育される。そして、生徒たちはヤゴが羽化する感動的な瞬間を目の当たりにするのだ。まさに、最高の「採集理科」と「直接経験重視」の実践といえるだろう。さらには、こうして命を育む行為を体験することは、生徒たちの情操教育にもつながるのである。

感情に流されず科学的な目を養う

幼稚舎の理科教員陣は、この「ヤゴ救出作戦」を自分たちの範囲だけでとどめるのは惜しいと考えるようになっていた。前述したように、全国各地の学校の屋外プールにも水生昆虫が生息している。多くの学校に「ヤゴ救出作戦」を広めようと、2000年春に「ヤゴ救出ネット」を立ち上げ、情報を共有することにしたのだ。

幼稚舎の理科教員陣は、自分たちが集めてきたデータを惜しみなく提供。その甲斐あって、「ヤゴ救出作戦」は瞬く間に全国に普及していく。小学校だけでなく、中学・高校、各自治体、市民団体、NPOなども次々に参加。「ヤゴ救出ネット」はそれらの交流の場となっていった。

だが、すべてが満足のいく形になっているかというと、そうでもないらしい。「ヤゴ救出作戦」プロジェクトの中心を担ってきた清水研助教諭は『慶應義塾幼稚舎の理科教育』の中で、次のように述べている。

「プールでの生物採集は各地の学校で広く行われるようになった。しかしそれらの多くは、プール掃除前にヤゴを『救出』することが目的の、情操教育に偏った、イベント色の強い活動となっている。生命の倫理観を育む上で、『ヤゴ救出作戦』の果たす役割は決して小さくはない。しかし幼稚舎理科は、その重要性は十分認識しつつも、『プールの生物を助けよう！』とは主張しすぎないよう、むしろ注意を払っている」

これは、幼稚舎の理科教育の本質を言い表しているのではないだろうか。情操教育の必要性を認めながらも、情緒に傾きすぎてしまうことに警鐘を鳴らしているのだ。科学では、冷徹な目で対象を見ることが求められる。感情に流されず、科学的なものの見方ができる能力を小学生のうちから身につけさせることに、幼稚舎ではもっとも力を入れているのが、清水教諭の言葉からもうかがい知れる。

サイエンスミュージアム

幼稚舎には生徒の科学的な目を育てるために、他校にはない施設がある。まだ三田に校舎があった１９１１年、日本の小学校で最初に理科実験室を造ったのは前述した通りだが、現在の広尾の校舎にも、先進的な科学施設が建造されている。２００９年にその全容がほぼ完成した学校博物館「サイエンスミュージアム」だ。

「２００６年に創設された『慶應義塾創立１５０年記念未来先導基金』に、幼稚舎もサイエンスミュージアムの構築というテーマで応募。独自の教育プログラムにつなげていきた

いという主旨が認められ、基金を獲得することができ、本格的な博物館づくりに着手することができたんです」（幼稚舎関係者）

教育にプラスになることを追い求めるのは当然としても、それがなぜ「博物館」だったのかについては、もうひとつ理由がある。

「1937年に幼稚舎が三田から広尾の福澤諭吉先生の別邸に移ってくる際、校舎の中に列品室が設けられた。そこには、父兄から寄贈された動物の剝製《はくせい》など、さまざまな貴重な標本が飾られていたんです。この列品室をさらに発展させ、生徒の科学に対する興味を広げようという声はかねがねあったんですが、予算的な問題があった。そんなときに未来先導基金というものができ、そのチャンスが到来したわけです」（同）

関係者たちの長年の夢が結実して完成したサイエンスミュージアムの構造は、大きく分けて2つのスペースから成り立っている。ひとつは、生物関係を展示する第1ミュージアム。もうひとつは、地学関係の第2ミュージアムである。

第1ミュージアムには従来からの第1理科室に加え、鳥類・哺乳類剝製標本室、ミニ水族館、無脊椎動物標本戸棚、両生類・爬虫類標本戸棚、昆虫標本コーナー、貝がら標本コーナーなどが設けられた。哺乳類標本としては、ツキノワグマの剝製やアザラシの頭骨など、さまざまな動物の剝製標本や骨格標本が展示されている。

評判のコーナーは、水生動植物を飼育・栽培しているミニ水族館。水草、熱帯魚、淡水魚、古代魚などが展示されている。恐竜よりも前から生き続けてきた古代魚エンドリケリーや、絶滅危惧種に指定されている汽水魚のアカメなど、めずらしいものも多い。これらの世話は、「生き物の世話係」に選ばれた生徒が担当している。

第2ミュージアムでは、第2・第3理科室に加え、恐竜などの大型古生物レプリカ標本、化石展示コーナー、ハチオウジゾウ展示コーナー、岩石・鉱物展示コーナーなどがある。

特に注目は、ハチオウジゾウ展示コーナー。このゾウは、幼稚舎の理科教員陣のひとり、相場博明教諭が2001年暮れに八王子市で発見したものなのだ。地層と見つかった骨から約230万年前に生息し、肩の高さは2・5～3mと推定された。

大陸から日本に渡ってきたミエゾウが400万～290万年前に生息していたことがわかっているが、その肩の高さは3・5～4mと大型の部類に属している。一方、200万～100万年前に生息していた肩の高さが約2mしかない小型のアケボノゾウも見つかっている。つまり、ハチオウジゾウはその中間に位置し、ゾウが日本の環境に合わせ、徐々に小型化していった過程が推察された。

2010年、相場教諭の論文がイギリスの学術誌に掲載され、ハチオウジゾウは新種のゾウであることが認定された。第2ミュージアムのコーナーでは、このゾウの切歯《せっし》、臼歯《きゅうし》、大腿骨《だいたいこつ》、頸骨《けいこつ》が展示されている。

遊びの要素をふんだんに

このサイエンスミュージアムには、幼稚舎教育の真の姿ともいうべき特長が随所にちりばめられている。その特長とは、生徒がいかに面白がり、楽しめるかを最優先することである。逆にそれがつまらないものなら、生徒たちはなかなかそこに入り込んでいかないし、もしイヤイヤやっても、そうして学んだことは将来的にはなかなか実にならない。詰め込み式の教育がまさに、それに当たる。受験勉強などは、その最たるものだろう。

中学受験や高校受験、大学受験を経験しなくて済むだけでも、幼稚舎に入学する意味は大きいのだ。幼稚舎に合格するには超難関の試験にパスしなければならないではないか、という反論も聞こえてきそうだが、詰め込み式の受験対策をしても、決して幼稚舎に入ることはできない。試験さえもナチュラルに楽しめる子どもだけが、この学校に受け入れられるのだ。そして、そうした子どもたちの才能をさらに伸ばそうとするのが、幼稚舎教育なのである。

さて、サイエンスミュージアムで行われている生徒を楽しませる工夫とは、どんなものなのだろうか。それは、海浜学校のところで紹介した「貝がら検定」のように、ゲーム感覚で臨めるコーナーをいくつも設けていることだ。

四半世紀以上も前に始まった貝がら検定のコーナーも、現在はミュージアム内にあり、同施設の目玉企画「本物自然検定」シリーズのひとつになっている。本物の標本を見ながら、名前を当てていくというもので、貝がら検定のほかに、昆虫検定、植物検定、岩石検定、恐竜検定のコーナーが設けられている。

いずれも貝がら検定と同様、級や段位が認定される。最高段位を獲得すると、「名人」に挑戦する権利が生まれ、その試験に合格したら名人に認定され、名人証が発行される。ハードルはかなり高いが、簡単には獲得できないぶん、かえって生徒たちの意欲をかきたて、人気のコーナーとなっている。

この本物自然検定のほかに、「PC自然検定」と「Web自然検定」というシリーズもある。PC自然検定は、ミュージアム内に設置されたタッチパネル式のモニターを生徒たちが操作して、クイズ形式で答えていく。画面上に写真が次々に出てくるので、その名前を選択肢の中から選ぶのだ。50問連続で正解すると「師範」、１００問連続正解だと「名人」に認定される。

Ｗｅｂ自然検定は、ＰＣ自然検定を自宅をはじめ、どこでもできるようにしたもの。インターネットにつなげてウェブサイトを開けば、同じ問題に挑戦することができる。順番待ちせずに何度でもトライできるので、検定の練習台としても利用されているようだ。また、自分の名前を登録して臨めば、他の検定と同様、認定が受けられる。師範や名人に認定されれば、氏名が記された認定をダウンロードができ、それをプリントアウトすれば、認定証となる。

このＷｅｂ自然検定は幼稚舎生に限らず、誰でもチャレンジできるので、親子で競争するなど、家族のコミュニケーション・ツールとして利用されることも多いという。

理科に限らず、こうして遊び感覚で学習に取り組める環境をつくり、無理なく生徒の意欲を高めていくのが、幼稚舎教育の神髄なのである。

第2章

日本をリードする教育システム

「6年間担任持ち上がり制」を続ける理由

幼稚舎の教育システムの最大の特徴は「6年間担任持ち上がり制」だろう。6年間、クラス替えがなく、担任教諭も替わらないという制度だ。1897年(明治30年)、森常樹が第4代舎長に就任すると導入され、以来、現在までずっと続いている。

森常樹という人物は熊本の士族の家に生まれ、西南戦争に官軍側として参加したのち、東京に遊学。慶應義塾に入学し、首席で卒業した。福澤諭吉の次男・捨次郎と同級だったことから、福澤家にもたびたび出入り。福澤の信頼も厚く、乞われて幼稚舎で教鞭をとるようになった。

この森がなぜ、6年間担任持ち上がり制を導入しようとしたのかは定かではないが、ちょうどこの前後に、慶應義塾の学事改革が進められていて、それが影響したのではないかと推察される。それまで、幼稚舎は慶應義塾の初等科(小学校)と明確に位置づけられていたわけではなく、卒業しても、必ずしも一貫校のように普通部(中学・高校)、大学部と上がっていくわけではなかった。

そもそも、生徒の年齢もバラバラだった。入学試験もなかったので、5歳で入ってくる生徒もいれば、10代になってから入ってくる生徒も少なくなかった。中には、18歳で入学したという記録も残っている。

したがって、クラスもはっきりしておらず、それぞれの教科によって専任の教員がおり、出席する生徒も違っていた。たとえば英語の出来が悪ければ、英語だけ下のクラスに入るとか、歴史は得意だから上のクラスといった具合に、学年の感覚もあいまいだったのだ。また、4年制の尋常小学校を卒業してから幼稚舎に入ってくるケースも多く、修了までの年数もまちまちだった。

1898年の学事改革で、幼稚舎は正式に慶應義塾の初等科という位置づけになり、6年制になるのだが、それに合わせる形で6年間担任持ち上がり制が導入されたことになる。つまり、学事改革によって学年ごとの生徒の年齢がほぼ横並びになり、各教科ごとに教員が異なる専科制度は維持しつつ、その一方で各クラスを見守る担任の重要性が増し、6年間担任持ち上がりという制度が浮上したのである。

幼稚舎の歴史にくわしいOBは次のように話す。

「それまでの能力別クラス編成から、年齢によるクラス編成に変わったことにより、学力がまちまちの生徒たちが同じクラスに入ることになった。しかも、小学生の頃は成長の度合いにも子どもによって、かなり差がある。担任はそうしたものを見きわめながら生徒たちと接しなければならない。だとすれば、1年ごとに担任がころころ替わるより、生徒たち一人ひとりをしっかり把握している教員が6年間ずっと、見守る形のほうがうまくいくと考えたのです」

「逃げ場がない」という弊害

「6年間担任持ち上がり制」は、生徒一人ひとりの特性を把握して、細やかな対応がしやすいというメリットがある。さらには、生徒同士の友情や教員と生徒の密な関係が生まれやすい。

「私は幼稚舎を60年ほど前に卒業したのですが、大学を卒業してから毎年、クラス会が開かれています。この半世紀、毎回、9割以上のOB・OGが出席。担任も必ず顔を出してくれます。これまでの人生の中で、一番の仲間といえるのは幼稚舎の級友以外にありえません」（前出・OB）

その一方で、6年間担任持ち上がり制の問題点を指摘する声も少なくない。もっとも多いのは、逃げ場がないということだ。10数年前に幼稚舎から子どもを自主退学させたという父兄は次のように振り返る。

「うちの子どもはあまり友達づきあいがうまいタイプではなく、クラスの中で浮く存在になってしまったんです。担任の先生との相性も良くなく、3年生の途中で不登校になってしまった。クラスが替われば何とかなるとも思ったのですが、あと3年間以上もこのままの状態が続くと考えたら、子どものためにならないのではという気がしてきて、やめさせることにしたんです」

この生徒は他の私立小学校に編入。そこではうまくいき、不登校も解消されたという。

生徒同士だけでなく、親同士でも一度あつれきが生じるとやっかいだ。幼稚舎にはPTAがなく、親が参加しなければならない会はあまり多くないものの、他の父兄との関係がこじれてしまうと、精神的な消耗度は激しいようだ。前出の父兄はこう続ける。

「子どものこともあって、あるお母さんに文句を言ったら、非常に険悪な雰囲気になってしまい、以降、父兄が集まる会に参加するのが嫌になってしまったんです。子どもがまだ不登校でなかった頃は、運動会や学習発表会には何とか顔を出していたものの、年2回の保護者会には出席しなくなっていました。からだの調子も悪くなり、病院に行くと軽いうつ病と診断され、医師からも無理にそうした会に出る必要はないと言われていたんです」

逃げ場がないのは教員も同じ。２０００年10月には、６年生の担任だった31歳の教員が自ら命を絶つという事件も起きている。

「とても教育熱心で、カリキュラムも目一杯詰め込む感じで、幼稚舎の担任に多い、生徒を伸び伸びと育てるタイプとは違っていました」と話すのは、この事件を知る幼稚舎関係者だ。

なお、専科教員が受け持つ教科を除き、国語、社会、算数、総合（生活）、体育の一部は担任が授業を担当する。教科書は学年で共通のものを使うが、教材やカリキュラムは担任の裁量に任され、クラスによって授業内容はかなり異なる。自殺した教員は自分が受け持つクラスの生徒の学力を伸ばそうと、宿題なども積極的に出していたという。

「家に帰って親に不満を洩らす生徒が少なからずいたようです。その父兄と思われる人たちから、学校側に担任を替えてくれというようなメールが届くようになった。それを知った教員は相当なショックを受け、悲劇が起こったのです」

個別対応で乗り越える

その弊害も指摘される「6年間担任持ち上がり制」だが、一昔前は幼稚舎方式にならって、導入していた私立の小学校も多かった。しかし、その運用の難しさから、ほとんどの学校で、クラス替えを行う方式に戻している。実は幼稚舎でも、内部から「方式を改めるべきでは」という声がたびたび起こっていたという。

「6年間持ち上がり制が本当にベストの方法なのか、疑念を持っている教員は多く、学校内で何度も話し合いが持たれてきました。最近の公立の小学校で多い毎年のクラス替えがいいのか。かつて多かった2年ごとならどうか。はたまた、3年ごとにしてみたらと、いろいろシミュレーションしてみたものの、どれもしっくりこない。生徒の側に立って考えれば、6年間持ち上がり制よりもベターな方法はありえないという結論に至ったんです」

こう話す幼稚舎関係者は6年間担任持ち上がり制にさまざまな弱点があることを認めつつも、次のように続ける。

「問題点があれば、そのつど直していこうということです。決して生徒の逃げ道がなくなるようなことがあってはならないし、現状を常に注意深く見ていく必要がある。もちろん、父兄や教員が追い詰められる状況もつくってはならない。基本的に担任にクラスを任せながらも、何かあったときにはすぐに、学校全体で対処できる体制を構築していったんです。ただ、これだけは言っておきたいのは、幼稚舎生が不登校になるケースは、他校に比べずっと少ない。数少ない不登校のケースを見てみると、その原因は6年間持ち上がり制にあるのではなく、個別対応がうまくいかなかったからにほかなりません」

学校側の対応の仕方に加え、父兄の理解の問題も非常に重大だという。

「入学希望者の父兄を対象に毎年夏に開いている『学校説明会』で、6年間持ち上がり制の内容と主旨について、かなりくわしく説明しています。その際、『ご理解いただき、共感していただけるご家族のお子さんに受験していただきたい』とお伝えするのですが、入学後、途中でクラスを替えてほしいという父兄がどうしても出てきてしまう。それを認めだしたら収拾がつかなくなるので、すべてお断りしていますが、理解の乏しいそうした父兄の場合、家での子どもとの接し方にも問題があるような気がします」(同)

ただ、以前に比べれば、クラス替えを求める父兄はずっと減っているという。前述のような、思い悩んだ教員が自殺するといった大きなトラブルも近年は起きていない。何かあった場合の個別対応がうまくいっている証左といえるだろう。

クラス分けには意図がある

クラス分けについても触れておこう。能力別クラス編成をやめ、6年制の小学校となった1898年度以降、しばらくは1学年1クラスだった。1911年度からは上学年の一部を2クラスにし、1916年度の新1年生からはすべて1学年2クラスとなった。

男子校だった幼稚舎が戦後になって、女子生徒を採り始めた1948年度からは1学年3クラス。2002年度からは現行の1学年4クラス体制となった。1クラスに男子生徒24人、女子生徒12人で計36人。それぞれのクラス名は慶應をローマ字表記したK組、E組、I組、O組となっている。なお、3クラスから4クラス体制になる際に増えたのはI組である。クラスカラーはK組・青、E組・黄、I組・緑、O組・白となっていて、運動会などの競技ではその色のハチマキをする。

クラス分けは生徒をアトランダムに分けるのではなく、かなり意図的に編成しているといわれている。「そうした噂があるのは承知しているが、入学試験の際に把握した生徒のプロファイルを参照することはあっても、〝意図的〟というのとはちょっと違う」と話すのは、前出の幼稚舎関係者だ。しかし、生徒の顔ぶれを見ると、クラスによって顕著な傾向があるのはまぎれもない事実である。

4クラスの中で、K組がもっとも慶應らしいクラスといえるだろう。「慶應らしい」というのは、同校の出身者には実家がオーナー企業を経営しているケースが少なくなく、さらにその子弟が幼稚舎に入るパターンがよく見られるからだ。そして、そうした子どもはK組に入れられることが多いというわけだ。

実際、父親や祖父が同族企業の創業者一族で、しかも単に慶應を出ているというだけでなく、幼稚舎出身というケースが目立つ。また、親や祖父だけでなく、親族の中にも慶應OB・OGが多い。

このクラスの生徒たちは勉強一辺倒よりも、遊びやスポーツに精を出すことが奨励され、級友同士の交流も活発だ。オーナー企業の御曹司として、将来の人脈づくりに役立つように配慮しているのだ。

O組は開業医の子弟が目立ち、生徒の多くは将来、医学部進学を目指している。高い偏差値が求められるので、4クラスの中で唯一、スパルタ式の詰め込み教育が行われている。担任も、そうした受験技術に長けた教員が就くようだ。

幼稚舎生の大半は最終的に慶應大に進学するが、このO組だけは違う。私大医学部で最難関の慶應に進めるのはほんのひと握り。ひとりいるかいないかで、よほど優秀な年でも

3人程度だ。したがって、O組出身者は途中で進路を変更して、慶應大の医学部以外の学部に進むか、医学部に固執する場合は、他の私大医学部に進むケースが多い。

E組とI組は、前の2組と比べると、際立った特色はない。親族に慶應出身者がいる場合もあれば、そうでない場合もあり、まちまちだ。どちらかといえば、サラリーマン家庭で育った子どもが目立つが、よく話題になる芸能人の子どもなども、この両組のどちらかに入れられることが多い。

他の小学校でもそうであるように、E組とI組では文武両道が奨励される。天気が良ければ校庭で遊び、雨が降っていれば教室で漫画を読むというのが、この2つのクラスでよく見られる光景だ。

先行するコンピュータ教育

幼稚舎では「教科別専科制」を敷き、担任が教える科目と、専科教員が教える科目が分かれている。前述したように、担任は国語、社会、算数、総合（生活）、体育の一部を受け持ち、それ以外の科目を専科教員が受け持つ。

専科授業としては、第1章でくわしく見てきた英語と理科以外に、音楽、絵画、造形、体育、習字、情報がある。いずれも、専門の教育を受けた教員が授業に当たる。英語と理科を除き、これら専科科目の中で、特に注目は「情報」科だ。3年間の試行期間を経て、2001年度から1~6年生の全学年が学ぶ教科として正式採用された。全教科の中で、もっとも新しい科目である。

どんな科目なのか。幼稚舎のホームページには、次のように紹介されている。

「さまざまな作品づくりを通じて、デジタルデータやデジタルメディアの扱い方、表現の仕方を学びます。具体的にはPCやタブレットの基本操作やプレゼンテーション、ネットマナー、プログラミングなどを扱います」

簡単にいってしまえば、「パソコンの使い方を学ぼう」という授業である。英語の必要性を強く感じ、初等教育の段階から習得する場を設けた福澤諭吉だが、もし彼が現代に生きていたら、率先して幼稚舎にパソコンの授業を導入していたに違いない。いまはパソコンを使いこなせなければ、学問の場のみならず、ビジネスでも大きく取り残されていくのは必至。英語も英文学者になるために習得する(中にはそうした生徒もいるだろうが)わけではなく、海外の人たちとコミュニケーションをとるための身近なツールにすぎない。パソコンも英語と同様、日常生活に不可欠なツールなのである。

そして、英語もそうだが、パソコンもなるべく早いうちから使いこなせるようになったほうがアドバンテージが大きいのはいうまでもない。頭が若く柔軟なうちに始めたほうが、基礎を習得する時間が短くて済むうえに、さらにその次の段階の応用編にも進みやすい。

「急速にパソコンが普及した1990年代後半、幼稚舎の授業にも取り入れるべきではないかという声が強まってきました。ただし、それを何年生から始めたらいいのか、よくわからなかった。専門家と相談すると、できるだけ早いほうがいいとの意見が多く、結局、1年生から授業を設けることになったんです」（幼稚舎関係者）

パワーポイントやエクセルを使いこなす

情報科のカリキュラムを見ると、1～2年生はマウスの操作、キーボードでローマ字入力、ファイルを開く、などの基本操作ができるようにすることが目標になっている。といっても、生徒たちが面白がりながら学べることが前提だ。第1章の理科のところでも述べたが、楽しくなければ、なかなか身になっていかないのだ。低学年の授業では、すんなりパソコンに馴染めるように、遊び心を前面に押し出している。

1年生はウインドウズのグラフィックソフトウェア「ペイント」を使ったお絵描き。さらには、パソコン基礎スキル教材「ポケモンPCチャレンジ」でマウス操作の練習をする。2年生はお絵描きソフト「キッドピクス」で絵を描いて、そのファイルを保存したり印刷をする。

3～4年生はデジタル作品づくりにチャレンジ。パワーポイントやワードを使いこなせるようにする。5～6年生はパワーポイントを使って、研究発表するためのデータをまとめることを目指す。また、6年生ではエクセルも使いこなせるようにして、クラス内のアンケート調査をグラフにまとめて、その結果を基に考察する。さらには、インターネット上の著作権にまつわる問題を取り上げ、その取り扱いについても学ぶ。

「情報科で6年間かけて習得したスキルがあれば、ビジネスの現場でもすぐに通用するといわれるほど」と、前出の幼稚舎関係者は胸を張る。

新学習指導要領で2020年度から小学校におけるプログラミング教育が必修化されることが決まっている。文部科学省もやっと、小学生の段階からコンピュータに触れる必要性に気づいた感がある。

そういう意味では、試行期間も含めると、すでに20年以上も前から、教育プログラムに

ＩＴスキルを身につけさせるための授業を取り入れていた幼稚舎教員陣の卓見には驚かされるばかりだ。まさに、福澤諭吉から連なる類まれな先見性は、この幼稚舎においてはいまだ健在というほかない。

担任の判断でタブレット端末を導入

情報科は専科科目であり、同じ専科教員が教えるので、同学年の４クラスでカリキュラムの内容があまり異なることはなく、ほぼ横並びの授業が行われる。

一方、担任が教える国語、社会、算数、総合などは前述したように、教員の考え方で授業内容が大きく変わってくる。担任を務める教員に、幅広い裁量権が与えられているからだ。その権限を生かし、近年、実験的な授業を試みている教員がいる。情報科の創成期から専科教員として同科の発展に尽力し、その後、担任を務めるようになった鈴木二正《つぐまさ》教諭だ。

担任に就いた鈴木教諭が始めた実験的授業とは、国語、算数、総合でタブレット端末を導入したことだった。それも、数台の話ではない。なんと、担任するクラスの生徒全員に、1年生のときからひとり1台のタブレット端末を持たせたのだ。そして、1年生で18時間、

2年生で13時間の計31時間のカリキュラムを組んだのである。

生徒のタブレット端末の操作習得度に合わせ、段階をレベル1〜3に分け、授業を進めた。鈴木教諭は著書『AI時代のリーダーになる子どもを育てる』（祥伝社2018年刊）の中で、その内容について、次のように説明している。

レベル1については、「新しい文房具であるタブレット端末をどう使っていくのかというルールや、基本的操作を徹底的に習得してもらうことを狙いました。タブレット端末はどこに置いてあるのか。自分のタブレット端末を、どう取り出し、片づけるのか。（中略）これらを教えるために、さまざまな約束事を守ってもらうと同時に、カメラ機能、お絵描きアプリ、漢字ドリルや計算ドリルといったアプリを活用しました」という。

生徒がタブレット端末を「自分の大切な文房具」と認識できるように、自己管理ができる環境を構築。そのために、鈴木教諭が自ら、生徒36人分の充電環境の備わった木製の保管庫を手づくり。そこにタブレット端末を収納できるようにした。

レベル2では、「個人学習で一通り習得した基本的なスキルを、グループ学習で展開」。グループでさまざまなアプリを使って、お話づくりを行い、発表する場も設けた。

レベル3では、生徒たちは「もはや教師の手助けがなくてもタブレット端末を使いこなせるスキルを身につけています」という段階に入る。「教育向けSNSを利用し、クラス全員が投稿を行い、その情報を共有し、ブラッシュアップ（上を目指す）し合うという協働学習を実施」した。

低学年のうちにタブレット端末に触れる機会を増やしたことで、こうしたICT（情報通信技術）機器を臆せず使いこなせるようになるわけだが、メリットはそれだけではない。鈴木教諭は前出の著書の中で、こう語っている。

「低学年のうちに活用ルールを徹底することで、高学年になったいまも、学習で使用する以外には児童が勝手に持ち出してゲームアプリで遊んでしまうようなことは見られません。（中略）授業開始後にタブレット端末を活用する場面になると、各自がタブレット端末を取り出す・片づけることも児童が主体的に、効率よく行うことができています」

こうしたタブレット端末を自由に使えるようにすると、子どもがゲームにばかり没頭するのではないか、というのは父兄が真っ先に心配することだ。しかし、それはまったくの杞憂だった。鈴木教諭は「子どもたちを信用して大丈夫」と強調。そして、「子どもたちのほうが教員よりも操作の面や柔軟性の面で先を行っています。いわゆるデジタルネイティブの子どもたちなのです」と結論づける。

生徒同士の絆を深めるクラブ活動

授業にタブレット端末を持ち込んだ鈴木二正教諭の例を見てもわかる通り、幼稚舎の教育システムの特徴は、一人ひとりの教員に与えられている権限が非常に強大であることだ。それは授業の内容だけではない。

5年生と6年生の生徒はクラブ活動をすることが義務づけられているが、教員は自分がやりたいものがあれば、新たにクラブを開いても構わないというルールになっている。伝統のラグビー部（第5章でくわしくリポート）や野球部、剣道部、テニス部、演劇部、器楽部など、歴史ある定番のクラブに加え、ラクロス部やカバディ部といった目新しいクラブも、教員の要望で組織されている。

ラクロス部が幼稚舎にできたのは2004年。井川裕之氏という東京学芸大ラクロス部OBが幼稚舎の教員になって結成されたものだ。幼稚舎ラクロス部はいまや、キッズラクロス界を牽引する強豪チームになっている。

「幼稚舎のクラブ活動は、生徒の情熱を引き出す役割とともに、教員のやる気も喚起させる場になっています。自分がやりたいと思うクラブを創れるので、ルーティンにおちいりがちな教員生活に変化をもたらすという効果もあるんです」（幼稚舎関係者）

さらに、クラブ活動にはもうひとつの役目がある。生徒同士の交流の拡大だ。6年間担任持ち上がり制によって、生徒たちはひとつのクラスで6年間をすごすことになる。つまり、クラスメイト36人は6年間ずっと、同じ顔ぶれなのだ。そこで、クラス以外の生徒と出会う場として、クラブ活動がクローズアップされてくるのである。

「別のクラスの生徒との親密な交流が、ここで初めて生まれることになる。さらには5年生と6年生が一緒に行動するということで、6年生の側は後輩の面倒を見る場面ができる。幼稚舎ではあまり上下関係はつくらないようになっているんですが、最終学年の6年生として、責任感を持つ機会ができるという意味で、クラブ活動は非常に重要なんです」（同）

これは幼稚舎に限った話ではなく、慶應義塾全体での伝統なのだが、塾員（OB・OG）、塾生（学生・生徒）、教職員はすべて、「君」づけで呼び合い、その間に上下関係はないことになっている。実際、慶應大の教務の掲示板などに貼られる休講を知らせる紙には、「○○先生休講」ではなく、「○○君休講」と記されている。これは、慶應義塾で「先生」と呼べるのは創立者の福澤諭吉だけであり、他の人たちはすべてその門下生であるという考えからだ。福澤以外はすべて横並びなのである。

現実には、中学～大学で生徒や学生が教員のことを君づけで呼ぶことは滅多になく、先生と呼ぶのが普通だ。幼稚舎でも同様だが、教員を前にしてニックネームで呼ぶこともあり、校風としてはいまだにフランクな雰囲気が残っている。したがって、上級生が下級生に対し、先輩風を吹かすこともないが、唯一、クラブ活動では一日の長がある6年生が5年生を指導する場面が出てくる。「5年生にとってもそれまで上級生から教えられる場面はほとんどなく、クラブ活動はどちらにとっても、とても大切な経験になる」(同)というわけだ。

クラブ活動は同級生同士の絆を深めるという意味でも、非常に大きな意味を持っている。数年前に、幼稚舎出身の有名菓子店の御曹司にインタビューした際、クラブ活動の話になった。

「それまで、違うクラスの子と話す機会があまりなく、とても有意義な時間だった」と振り返る彼が入ったのはブラスバンド部。1981年に結成され、幼稚舎の中だけでなく、慶應大同窓生の最大のイベント「慶應三田会連合大会」など、さまざまな舞台でも演奏する名門クラブだ。

このOBのバンドでのパートはセカンドトロンボーン。その隣でファーストトロンボーンを吹いていたのが男性アイドルグループ・嵐の櫻井翔氏だった。

「サッカー選手になりたいと語っていたので、ジャニーズ事務所に入って芸能界デビューしたときは驚きました。クラブが一緒でなければ、親しく話をすることもなかった。いまでも応援しています」（同ＯＢ）

とかく批判が出やすい６年間担任持ち上がり制だが、第１章で紹介した海浜学校や高原学校、ヤゴ救出作戦、そしてこうしたクラブ活動を通して、その短所を補完。他校を圧倒的にリードする教育システムを創り上げているのである。

第3章

「お受験」への向き合い方

縁故枠疑惑を払拭した「金子改革」

第1章の冒頭で、幼稚舎の入試に関し、「いわゆる（中略）コネは存在しない」と述べた。そして、巷《ちまた》でよく言われる「近親者に慶應出身者がいると有利に働く」という説については、「判定する側に、この子には慶應出身の親や兄姉がいるから加点しようというような意思があるわけではない」と断じた。

しかし、こうした断定的な言い方ができるようになったのは、ある時期を挟んでからである。あからさまにいってしまえば、縁故入学が横行していた時代もあったのだ。

二等親以内に慶應出身者

「戦前は慶應関係者や有力者の子弟は優先的に入れていたと聞いていますし、戦後になっても、親族に慶應出身者がいる場合のほうが有利だったのはまぎれもない事実です」と証言するのは、幼稚舎の事情をよく知る慶應大の文科系の元教授だ。

１９６０年代、日本が高度成長期に入ると、裕福な家庭が増え、〝お受験〟熱もヒートアップ。マスコミでもしばしば、中学受験や小学校受験が取り上げられるようになる。

「調べてみると、幼稚舎合格者の7割前後に、近い親族に慶應出身者がいることがわかった。しかも、その半分近くは親、祖父母、兄姉が慶應出身か在学しているといった二等親までのケースだったんです」

こう話すのは、1960年代後半に、小学校受験の状況を取材したという週刊誌のベテラン記者。「少なくとも、この頃は明らかに、慶應OB・OG縁故枠があった」と言い切る。それに対し、前出の元教授は次のように語る。

「幼稚舎に合格した7割に慶應出身の親族がいて、その半分が二等親以内として、それが縁故枠とします。となると、合格者の約3分の1がそうしたコネを使って入ったことになりますが、さすがにそこまで枠は大きくなかったと思います。1960〜1970年代にかけての縁故枠は、せいぜい5人に1人程度ではなかったでしょうか」

コネかどうかはともかく、合格者にこれだけ慶應出身者の子弟が多かった理由として、この元教授は以下のような点を挙げる。

「ひとつには、OB・OGの慶應愛が関係している。慶應で学んだ経験を持つ者の中には、その誇りや母校への愛着から、自分の子どもも入れたいと思うようになる人が非常に多い。

それもできれば、大学までエスカレーター式に上がれる幼稚舎に入れればそれに越したことはないと考えるようになるわけです。その結果、必然的に親などが慶應という受験者の割合が増えてしまうという構図です」

さらに、もうひとつの要因として、マスコミの責任も挙げる。

「合格者に慶應出身の子弟が多いと、たびたび報道されることによって、近い親族に慶應関係者がいないと合格するのは難しいといったイメージが出来上がってしまった。その結果、どうせ受からないのならと、幼稚舎受験を控える親が増えてしまったんです」

マスコミの多くが批判的に取り上げているにもかかわらず、それによって、かえってその傾向が強まってしまったのは皮肉だった。現実にはますます、幼稚舎合格者の中に慶應出身者の血縁の割合が増えるという結果になってしまったのである。前出の週刊誌ベテラン記者は、その後の状況について、次のように話す。

「単に親族に慶應出身者がいるというだけでなく、合格者の7割の親が慶應OB・OGという年まで出てきました。ただ、受験者が慶應出身者の子弟だらけになってくると、そのアドバンテージは薄くなる。結局、単に近親者に慶應出身者がいるだけではアピール度は低くなり、親、兄、姉のいずれかが幼稚舎出身者ぐらいにならないと、そのメリットを享受できなくなっていったのです」

いずれにしても、そうした状況は組織に硬直化をもたらす。古いタイプの慶應カラー、幼稚舎カラーが繰り返し再生産されるだけになり、新陳代謝がまったく機能しなくなってしまったのだ。

となると、福澤諭吉が提唱する「独立自尊」の理念とは、どんどん離れていってしまうことになる。独立自尊とは、慶應という環境にどっぷり浸かることではない。フレキシブルな視点を持つことからしか、独立自尊という主体的な精神は育たないのだ。しかし、その頃の幼稚舎では、ブランドを守ろうとするだけの懐古主義が蔓延するようになっていたのである。

そんなときに、現状打破すべく、幼稚舎に登場したのが慶應大大学院政策・メディア研究科教授（現名誉教授）の金子郁容《いくよう》氏だった。

異色の幼稚舎長誕生

金子郁容氏が幼稚舎長に就任したのは、1999年4月のことだった。同時期に慶應大総合政策学部教授にも就任している。

「金子さんは慶應内で3つの要職を兼任することになったわけですが、その中でもっとも力を入れていたのが幼稚舎長でした」と振り返るのは金子氏の後輩にあたる理工学部OB。

元々、金子氏は工学部（現理工学部）の出身。応用数学が専門だった。慶應大卒業後にアメリカに渡り、スタンフォード大で工学博士号を取得した。その後、ウィスコンシン大准教授、一橋大商学部教授などを歴任。1994年に慶應大に戻り、教授に就任した。

「学者人生を歩んできた金子さんが、幼稚舎長に就くと聞いたときは驚きました。でも、よく考えてみれば、彼も幼稚舎からの慶應組。母校愛も強かったでしょうし、自分ならこうするのにと、いろいろ思い巡らしていることもあったようです」（理工学部OB）

慶應義塾大学の金子郁容教授。写真：読売新聞／アフロ

金子氏の次の舎長も慶應大理工学部教授（現名誉教授）の福川忠昭氏だったのでめずらしくはなくなったが、それまでは、幼稚舎の教員を務めた人物が舎長に就くパターンがもっとも多かった。そうした意味では、金子舎長誕生はかなり異例だったようだ。前出の

文科系元教授はこう話す。

「だいぶ前から、慶應の関係者の中に、お受験の代表格みたいになった幼稚舎を改革しなくてはならないと考える人間が少なからずいた。その後、マスコミでも批判的な論調が目立つようになって、改革派の勢いが増し、金子さんを推す声が出てきたんです」

実際、金子氏は舎長に就くとすぐに、改革に着手した。その第一弾は、巷で囁かれる縁故枠の噂をいかに払拭するかだった。金子氏はさっそく、かねてから温めてきたプランを実行に移した。

保護者面接は〝時間の無駄〟

入試にあたっては、「親や親戚ではなく、子ども本人だけで判断する」というのが、金子郁容舎長の考えだった。例が正しいかわからないが、絵画や小説を評価するとき、余計な情報は入れずに、その作品のみで判断すべきというのと似ている。しかし、誰が創ったかで、とかくその評価や価値は左右されがちである。そうした要素をいかに排除するかに、金子舎長は腐心したのだった。

まず手がけたのは、入学願書の書式の変更である。家族欄を段階的に簡素化していったのだ。それまで、祖父母の氏名に加え、学歴や経歴まで記入しなければならなかった。が、祖父母の欄そのものをなくしてしまった。さらに両親についても、氏名だけを記入する方式に改めた。

入試に関し、もっとも大きな変革は、保護者面接をなくしたことだろう。

「〝時間の無駄〟と、金子さんは一刀両断に切り捨てたんです。要するに、子ども本人だけで判定しようとする以上、親の話など聞く必要はないというわけです。実際、保護者面談はとても時間がかかり、学校側の負担も小さくなかった。これがすべて省略できたことで、入試関連にかかる時間が大幅に短縮された。金子さんは非常に合理的な考えの持ち主だったのです」（幼稚舎関係者）

入試がらみでいうと、もうひとつ、重要な金子改革がある。1学年のクラス編成をそれまでの3クラス（K組、E組、O組）から4クラス（K組、E組、I組、O組）に増やしたことだ。ただし、金子氏が4クラス体制の成果を十分に見届けることは叶わなかった。移行した2002年度の秋に、舎長を退任してしまったからだ。いずれにしても、4クラス体制への移行がなぜ、入試と関連するのか、すぐにはわかりかねる人がほとんどではないだろうか。

「公立小学校で先行して進んでいた少人数化の動きに合わせ、幼稚舎も1クラスの人数を減らした」(幼稚舎関係者)というのが表向きの理由だ。1クラスの人数を44人から36人と2割近くも減らしたのだが、この36人という数字には意味がある。当時の文部省が目指していた公立小学校の35人学級と、ほぼ同じ水準なのである。「ただ……」と、幼稚舎関係者は続ける。

「金子さんの一番の狙いは、世間が持つ幼稚舎入試への疑念の払拭にあった」というのだ。これはどういうことなのか。

第2章ですでに記したように、幼稚舎のクラス分けからは強い意図が感じられる。K組は慶應出身者、特にオーナー企業の経営者の家庭で育った子弟。O組には開業医の子弟で、医学部を目指す生徒が集められている。

こうしたクラス編成は、キナ臭いにおいがプンプンする。少なくとも世間の目には、この2つのクラスは縁故枠の巣窟と映ったはずだ。3クラス体制の時代はさしあたって、公平に実力が判定されて入ってきたのはE組の生徒だけのように見えてしまう状態だったのだ。

「そう思わせてしまうこと自体、決して誉められたものではないですが、3クラス体制時代も、K組とO組に誰を入れるかを考えて、合格者を決めているわけではなかった。すべての合格者が決まったうえで、それぞれの特徴を分析して、クラス分けをしている。過去に縁故枠がまったくなかったとはいえないにしろ、それはかなり特殊な状況下であり、ほとんどの場合、公平に合格者が決められてきたのは事実なんです」（幼稚舎関係者）

このあたりは、幼稚舎に関わりのある人によって、微妙に言い回しが違うのだが、どちらにしても、入試のフェアさについては、世間的には疑われても仕方のない状況が続いていた。にもかかわらず、学校を運営する側は「どう思われようと、世間の勝手」とばかり、〝我関せず〟の態度をとり続けてきたのだ。

それを大きく方針転換したのが金子舎長だった。積極的にクリーンさをアピールすることにしたのである。

4クラスに増やしたもうひとつの理由

3クラスを4クラスに増やす狙いは何だったのか。単純にいえば、縁故枠と疑惑の目を向けられていたK組とO組の比重が薄まったことが挙げられる。入学者の3分の2を占めていたK組とO組の人数割合が全体の半数になった。さらには、特別な色がついていないクラスがE組だけから、I組を加えて2クラスになり、少なくとも入学者の半数は確実に縁故枠と無縁であることがはっきりしたのだ。

「というより、金子舎長時代以降、K組やO組に振り分けられる生徒も含め、完全に縁故枠はなくなったといっても過言ではありません」と、幼稚舎関係者は話すが、何よりそれを肌で感じられるようになったのは、自分の子どもの幼稚舎入学を目指す父兄だろう。

1990年代は多くても1500人ほどだった受験者数が、2000年代に入ると2000人前後で推移するようになり、2000年代後半は24000人を突破する年度も出てきた。

これはまさに、「身内に慶應出身者がいなければ、幼稚舎に入るのは難しいという風聞が消えた証拠」(幼稚舎関係者)なのだろう。ただ、あまりに受験者が増えたが故に、さらに超難関になったという声も上がった。

もっとも、最近は幼稚舎フィーバーもだいぶ治まった感がある。2010年代半ば以降は、受験者数1500人前後で推移するようになった。その原因としては、難易度が上がりすぎたために、とりあえず受けてみようという層が減ったほかに、もうひとつ理由がある。2013年の慶應義塾横浜初等部開校である。

「慶應ブランドであればOKという人がだいぶ横浜に流れた」と話すのは、予備校の小学校受験スタッフだ。

「幼稚舎と横浜初等部の併願は可能で、そうする受験者も多いのですが、両校の受験日が近いために児童の負担が大きく、出願しても受験しないケースも少なくありません。たとえば、幼稚舎の場合、2019年度（入試2018年11月実施）の出願者1676人のうち212人が入試当日に現地に来ていない。『ダブル受験はたいへん』といった情報が伝わり、最初から併願しないケースも増えていて、アクセスを考え、最初からターゲットを横浜初等部に絞っている受験者も多くなっています」（同）

その一方で、「慶應義塾の小学校は幼稚舎だけ。横浜初等部など慶應とは認められない」（幼稚舎OG）といった声も根強い。この横浜初等部の現況については、第5章で触れる。

教員の公募に踏み切る

金子郁容氏が舎長時代に行った改革は、入試に関してだけではない。

「金子さんが本当にやりたかったのは、旧態依然とした慶應という枠を壊すことだったと思う」と推察するのは、金子氏の後輩にあたる前出の理工学部OB。「壊す」とは少々物騒な気もするが、要は新生慶應を生み出すことである。慶應という学校は、その中だけで完結することが可能であり、新たな展開を起こしにくい短所を常に抱えている。

筆者は2017年に出した『慶應三田会の人脈と実力』（宝島社新書）の中で、企業内で慶應出身者が集まり一大勢力を築く様子を描いた。慶應のOB・OGたちは非常に仲間意識が強いのである。あまりに強くなりすぎたが故に、仲間うちだけで事を進めようとする傾向があり、大きな弊害を生み出していた。

その閉塞感を打破しようとしたのが、幼稚舎長に就いた金子郁容という人物だったのである。そして、慶應出身者が仲間うちで完結してしまう原点は幼稚舎にあるという意味で、金子氏の目のつけどころは、まさに的を射ていた。

幼稚舎で仲間うちというぬるま湯に浸かっていたのは生徒ばかりではなかった。教員も同様だった。採用されるのは、慶應出身者や東京学芸大大学院出身者が多く、紹介という形で入ってくるケースが大半だった。「採用にあたっての緊張感はまるでなかった」（幼稚舎関係者）のが現実で、教員同士が切磋琢磨する様子もあまり見られなかったのである。

そこで金子氏は、教員の採用に関し、公募制を導入することにした。

「従来の採用方法自体は責められることではなく、幼稚舎の校風にマッチしていたともいえる。他人を押しのけたりするような上昇志向を持たないのが幼稚舎生の良さでもあるので、授業のあり方を大きく変える必要はなかった。ただ、全体的にマンネリ化が漂っていたのも事実であり、新しい風を入れて刺激を与えるべきではないかと、金子さんは感じたのではないでしょうか」（幼稚舎関係者）

公募の方法については、幼稚舎のウェブサイトを使って行った。幼稚舎がどんな教員を求めているかをウェブ上で説明したのだ。それだけでは、多くの人の目に触れることはないので、教育学部・学科を擁する各大学に通知するとともに、新聞紙上でも告知した。

「すると、想像を超える数の応募があった。金子さんはトップダウンで大半のことは自分で決めてしまうのですが、このときはそうした方法はとらなかった。応募があった教員候補の資料を並べて、現役の教員たちと一緒に検討しながら選んでいったんです。人選が独りよがりにならないようにするためと、あとで教員同士がギクシャクしないようにとの配慮からでした」（同）

舎長と父兄をつなぐメーリングリスト

教員の公募でもそうだったように、金子郁容舎長体制になってから、幼稚舎は内外への情報発信にインターネットをフル活用するようになる。入試の告知も、基本的に幼稚舎のウェブサイトで行った。学校の説明もウェブ上でくわしく行い、受験者の父兄からよく出る質問については、Q&Aの形でわかりやすく答えた。

「毎年7月に行う『学校説明会』と、ウェブサイトでの説明で、すべてこと足りるようにしたんです。そして、個別での問い合わせは受け付けないことにしました。教員や関係者との接触も一切禁止です。金子舎長時代にできたこうした方法は、その後も同様の形でずっと続いています」（幼稚舎関係者）

金子氏がインターネットを積極的に活用する中で注目されるのは、舎長自ら、メーリングリストの導入によって、生徒の父兄とやりとりをしたことだろう。情報の共有が容易になったというメリットに加え、父兄の側に対しては、幼稚舎のトップとつながっている安心感と、子どもを日本で一番の名門校に通わせているというプライドを喚起させる効果をもたらした。

舎長が伝えたいことはこのメーリングリストによって、ほぼすべて賄えたが、メールの活用はそれだけにとどまらなかった。父兄の側では、情報を受けるだけでは飽き足らず、個別案件についても、メールを積極的に使いだしたのだ。その結果、インターネットの持つ怖さも顕在化してくる。
「主に担任とのやりとりでメールを使うのですが、その際、ＣＣ（カーボンコピー）で舎長にも送る父兄が増えたんです。その多くは生徒同士のトラブルだったり、ある父兄への不満、授業への注文というように、クラス内の問題についてのメールです。幼稚舎では、生徒の教育は担任に全面的に任されているので、父兄との対応に舎長が出てくることはない。にもかかわらず、担任を飛び越えかねないメールの使い方が目立つようになってきたんです」（同）
あからさまな言い方をすれば、担任にとっては非常に面白くない事態になっていたのである。担任からすれば、「父兄からの信頼はそんなものなのか」と、がっかりするのも当たり前だった。メールの内容が舎長にも対応を求めるような文面であっても、金子氏は「担任に任せてあるので」と返し、自らが前面に出てくることはなかった。
「ただ、メールの中身が相当深刻な場合、舎長が表に出てくることはなくても、担任と金子さんで対応策が話し合われることはありました。越権行為ではありますが、それで難局を乗り越えることができたケースもあるので、いちがいにマイナスとばかりはいえず、ケースバイケースで判断していました」（同）

しかし、状況は徐々にエスカレートしてきた。担任を完全に飛び越えるケースも出てきたのだ。担任へのメールをCCで舎長にも送るのではなく、ダイレクトに舎長宛てに、クラスのトラブルや不満を伝えるメールを送りつける父兄が現れたのである。第2章で触れた教員の自殺も、そうした中で起こった。

モンスターペアレントの出現

第2章でも触れたように、6年生のクラスを受け持っていた31歳の担任教員が自ら命を絶ったのは2000年10月のことだった。父兄から学校側に「担任を替えてほしい」というメールが学校側に届くようになったと前述したが、ここでいう「学校側」とは金子郁容舎長のことである。直接、舎長宛てに、この教員に対する苦情のメールが何通も届いたのだという。

亡くなったのは、「教育熱心」と評判の熱血先生だったが、一部の父兄から疎《うと》まれるようになっていた。クラスの学力を上げようと、受験校並みのカリキュラムを組み、それについてこれない生徒も出ていた。のんびりとした校風にはそぐわない感じもあったこの教員を「幼稚舎には不適格」と攻撃する父兄が現れたのだ。いわゆる〝モンスターペアレント〟と呼ばれる親たちだった。

バブル世代の父兄

「当時まだ、モンスターペアレントという言葉はなかったものの、１９９０年代半ばあたりから、いわゆるクレーマー的な親の存在が教育界で取り沙汰されるようになっていました。幼稚舎は元々、学校に注文をつけるような父兄はほとんどおらず、〝対岸の火事〟のごとく、安閑と構えていたんですが、１９９０年代末になって、そうした親がちらほら見られるようになってきたんです」

幼稚舎にも「火の粉が降りかかるようになってきた」と振り返るのは同校の関係者。教員の自殺のあった学年ではないが、１９９０年代半ばに幼稚舎に入学した男子生徒の母親は、次のように証言する。

「子ども同士の喧嘩で怪我を負ったという生徒の母親が学校に怒鳴り込むという事件があったんです。怪我といってもかすり傷程度。応対した担任も、それほど深刻には考えておらず、なだめて帰そうとしたのですが、母親はさらに逆上。その対応の仕方が不誠実だと、学校の中枢部にまで不満をぶつけにいったんです」

この母親はその後もたびたび学校を訪れ、担任教員への苦情を繰り返し、それは子どもが卒業するまで続いたという。

モンスターペアレントという言葉が使われだしたのは２００７年前後とされるが、この母親はそのひとつの特徴と合致していた。それは、教員に対する敬意がまったく欠如していたという点だ。

彼女は大学から入学した慶應ＯＧで、卒業したのは１９８０年代後半。バブル時代に突入した頃で、就職戦線は完全な売り手市場。学生の獲得競争が起こり、慶應卒なら希望する企業にほぼ就職できる状況だった。彼女も大手損保に入社したようだが、その２年後には寿退社しているという。

一方、就職先でもっとも不人気だったのは、小学校〜高校の教員だった。バブル時代に就職時期を迎えた世代は、１９８０年前後に吹き荒れていた校内暴力を身近で体験している。右往左往するばかりの教員たちの姿は彼らの目には無力に映り、尊敬の念が一気に薄れた世代だったのである。

金子舎長に対するデマ

さて、担任自殺事件に話を戻そう。この事件でも、教員に対する父兄の敬意はまったく感じられなかったわけだが、事態はさらに複雑な様相を呈してくる。この時期、幼稚舎にはモンスターペアレントが何人もいたのである。

この事件については複数の週刊誌が取り上げたが、その中には金子郁容舎長の責任を追及するものもあった。この教員を追い詰めたのは金子氏だというのだ。

一部週刊誌によると、担任を非難するメールを受けた金子氏が、当人を呼んで厳しく叱責。これが引き金となって、担任は死を選んだという。それを全面的に否定するのは幼稚舎関係者だ。

「過去に金子さんとこの教員の間でトラブルがあったということもなく、2人の関係は良好でした。また、この教員を注意したという事実もない。なのに、なぜああした記事が出たかというと、自殺の原因を金子さんに押しつけようとした一派がいたということなんです。その一派とは、金子さんを舎長から引きずりおろそうとする父兄の一部で、かねてから金子舎長体制に反発していて、でっち上げた情報をマスコミにリークしたんです」

整理すると、金子舎長に担任を外すように要求するメールを送りつけた一派。そして、その担任の死に乗じて、金子舎長の追い落としを謀った一派。それぞれは、別の父兄たちだという。

「金子さんへの攻撃を仕掛けたのは、慶應出身者への優遇を撤廃しようとしていると思い込み、腹を立てている幼稚舎OB・OGたちです。同じモンスターペアレントでも、こちらのほうが強力で、ずっとやっかいだったんです」

こう話す幼稚舎関係者によると、週刊誌にデマを流したのは、自殺した担任が受け持っていたクラスの学年ではなかったという。さらにいえば、金子氏を快く思わない学校関係者とも通じている一派だった。

良識を保ったクラス

名門の幼稚舎で、こうしたモンスターペアレントが出現したのはあまりに残念なことだった。過去の歴史で、こうした事態におちいったことは一度もなかったのだ。それにしても、金子郁容舎長の追い落としを狙う父兄一派のしつこさは常軌を逸していた。

金子舎長外しを目論む一派が格好の材料を得たのは、教員の自殺から3カ月足らずのことだった。2001年1月下旬に発売された写真週刊誌に、「あの◯◯監督の息子がお受験界の最高峰に見事合格！」という記事が載ったのだ。なお、「○○監督」は記事では実名になっている。日本でもっとも有名なＡＶ（アダルトビデオ）監督だ。

記事の中に学校名が出てくるわけではないが、読めばそれが幼稚舎を指していることはすぐにわかる。また、その夫人も活動期間は短かったが、著名なＡＶ女優。「日本一美しいＡＶ女優」とも謳われた女性だ。彼女の名前も記事には載っていた。

そして、反金子舎長一派は、この記事によってさらに勢いづき、幼稚舎ＯＢ・ＯＧの怒りを煽るように攻撃を仕掛けたのだった。

「金子舎長が入学願書から親の職業欄をなくすようなことをしたから、ＡＶ監督の子どもまで幼稚舎に入ってくるようになったといった怒りの声が、一部の父兄から上がっているとの話は、私の耳にも入ってきました」

こう語るのは、１９９０年代半ばに子どもが幼稚舎に入学した前出の母親だ。

実は、筆者はこのＡＶ監督をよく知っている。夕刊紙で同監督を回答者に起用した人生相談のコーナーを担当していたことがあり、その頭の回転の早さに驚かされたものだった。相手が何を求めているか、瞬時に察知し、的確な答えを矢継ぎ早に返してくるのである。しかも、言葉のひとつひとつがウィットに富んでいるので、記事をまとめる当方としては、同監督の語り口調をそのまま文字に直せばいいだけだった。そうした人物の息子なら、幼稚舎に合格するのも当然という気がしていた。

いずれにしても、「AV監督の息子入学」のニュースは、幼稚舎の父兄、関係者の間に瞬く間に広がったようだ。

「ひとつだけ救いだったのは、その監督の息子さんがクラスで浮くようなことはなく、他の生徒と同じように、教室の雰囲気にもすぐに馴染んだと聞いたときでした」（前出・母親）

この前後の流れについて、幼稚舎関係者は次のように話す。

「2001年度に入学した父兄は、圧倒的に金子舎長支持派が多かった。金子改革の成果が出始めた中で入ってきた人たちですからね。幸いなことに、この年度の入学者の父兄には、モンスターペアレントタイプもいなかったのです」

幼稚舎ではいまも昔も、入学式のあとに、各クラスの担任の多くが新入生の父兄に向かって話すことがある。「同級生を自分の子と同じように大事にしてください」と「お母さん同士も仲良くしてください」である。

そうした良き伝統もあって、AV監督の息子や妻は、それほどの違和感もなく、自然にクラスに溶け込めたようだ。また、AV監督自身も写真週刊誌に登場してしまった反省からか、その後は一切、息子について語ることはなかったのである。

退任に追い込まれてもその精神は残った

AV監督の家族が引け目を感じるような場面はなかったものの、水面下では一部のモンスターペアレントによる金子郁容舎長追い落としの画策が進んでいた。幼稚舎内だけでは効果がないと見るや、OB・OG人脈を駆使して、慶應義塾の幹部にまで情報を流し、「このままでは幼稚舎の伝統はすべて壊され、名門校としての位置もなくなる」と訴えたのである。

幼稚舎というよりは慶應義塾の話だが、ときにこうした嫌らしいやり方を平気で実行に移してしまうOB・OGがいる。たとえば、4年に1回開かれる塾長選。支援する候補の対抗馬を蹴落とすために、その人物を告発する怪文書をばら撒くのである。それを双方の陣営が行うのだ。ときには反社会勢力まで登場することもあり、おぞましいまでの集票合戦が繰り広げられるのが塾長選での恒例の光景となっている。

慶應の恥部ともいえる側面だが、ここまでひどくないにしても、モンスターペアレントによる金子舎長攻撃も執拗で破廉恥きわまりないものだった。ついには、金子氏も音を上げる。2002年9月末をもって、舎長を退任してしまうのである。

金子氏が舎長に就任したのは1999年4月だから、3年半、務めたことになる。なお、舎長の任期は1期2年である。

「元々、舎長の交代は9～10月に行われるので、金子さんが任期途中で辞めたというわけではありません。当初、金子さんは1998年10月に舎長に就く予定だったのですが、兼任する教授職の仕事がいろいろ重なっていて、調整がつかず、就任が半年遅れることになったんです。したがって、半年短いとはいえ、金子さんは舎長を2期務めたことになります。ただ、前任者（中川真弥氏）に倣って、本人としては3期までは引き受けるつもりだったと思います。しかし、モンスターペアレントたちの攻撃で、嫌気が差してしまったのではないでしょうか」（幼稚舎関係者）

この退任は傍目からは中途半端に映っただけでなく、反対勢力に尻尾を巻いて逃げだしたようにも見え、どこか釈然としなかった。後輩の理工学部OBは「金子さんらしい」と評し、こう続けた。

「金子さんはスマートな完璧主義者なんです。自分の歩んでいるレールに石ころが載っていたりすると、そこであきらめてしまうようなところがある。その石ころをどけて、もうひと踏ん張りしようといった泥臭さはないんです」

金子氏は幼稚舎長を退任したあと、２００３年７月に長野県の教育委員に就き、県の高校再編に取り組んでいた。ところが２００６年11月、任期を９カ月残して辞職してしまう。県教委のＯＢは「その前に行われた臨時県議会で、高校再編議案の大半が否決され、すっかりやる気をなくしてしまったのだろう」と、当時の状況を解説する。

「金子氏は無責任」（県幹部）と批判する声も少なくなかったが、「それが金子さんの生き方」と、前出の理工学部ＯＢは話す。

いずれにしても、幼稚舎での金子氏は短いながら、歴代舎長の中でもっとも足跡を残したひとりに数えられるだろう。その公正さに疑惑が持たれていた幼稚舎の入試を名実ともにクリーンなものにした功績は、大いに評価されるべきである。

「金子舎長がいなくなれば、縁故枠は復活する」といった見方もあったが、以降もずっと、公平な入試が続いている。何のコネもないが、これから子どもの幼稚舎入学を目指すという父兄にとっては、心強い環境が整っているといえるのだ。

どんな子どもにもチャンスはある

公平になった金子郁容舎長以降の幼稚舎の入試にどう臨むか。その答えは、非常に難しい。どんな子どもにでもチャンスはある代わりに、「これだ!」という必勝法はないからだ。他校の場合は、訓練すればするほど成果が見込めるケースが多いのだが、幼稚舎ではそういうわけにはいかない。というより、準備が万端すぎても、かえってマイナスになることもあるのが幼稚舎入試なのだ。

幼稚舎のウェブサイトの「入学試験について」を開くと、次のように書いてある。

「幼稚舎は、入学試験を公平かつ厳正なものとするために細心の注意を払い、最大限の労力と判断力を注いで事にあたります。幼稚舎の入学試験は、様々な活動を通じて子どもたちのありのままの姿を見るものですから、入学試験のために特別な準備は必要ありません」

これはまさに、「学校側の本音をそのまま表したもの」と話すのは幼稚舎関係者だ。誰もがすぐに気がつくと思うが、この文面の最大のポイントは、「子どもたちのありのままの姿」と「特別な準備は必要ありません」という箇所である。

「ところが、入試に臨むと、『ものすごく時間をかけて準備してきたな』と、瞬時にわかる子どもも少なくないんです。塾の幼稚舎コースに通い、対策を徹底してやってきている。型にはまりすぎていて、テスター（試験官を務める教員）をハッとさせるところがまるでない。学校側が求めているのは、福澤諭吉先生の理念である『独立自尊』を将来、実現できる生徒です。自分でものを考え、自由な発想ができるかどうか。親や塾の講師から押しつけられたことをただなぞるだけの子どもは正直、厳しいと思います」（幼稚舎関係者）

受験対策をしっかりやっても、不合格になってしまうのが幼稚舎入試だとすると、準備はしないほうがいいのだろうか。それはNOである。自由奔放に振る舞うのがいいのだと、ぶっつけ本番で入試に臨んでも、まず合格することはできない。

まったく準備なしに試験当日を迎え、出される課題にチャレンジしようとしても、十分なパフォーマンスはできない。何をやればいいのか、右往左往するばかりだろう。テスターが課題を説明する言葉が何を意味しているのか、理解することすら難しいに違いない。

やはり、それなりの準備は必要なのだ。

パニックにおちいる親たち

「準備しすぎてはいけない」の一方で、「準備しなくてもいけない」というのが幼稚舎入試の特徴だとしたら、現実にはどうすればいいのだろうか。その答えを探る前に、まずは入試までの日程を見ていこう。

最初のイベントは、7月の第1土曜日と第2土曜日の午前・午後の計4回開かれる「学校説明会」。学校側から教育方針などの説明を聞いたあとは、学校内を見学することができる。ただし、入試についての説明は一切なく、そうした質問も受けつけない。「ウェブサイトで十分に説明しており、つけ加えることも特にない」（幼稚舎関係者）からだ。

4回の説明会の内容はすべて同じなので、現場でもウェブサイトでも、「複数回の参加はおやめください」と告知している。にもかかわらず、何度も来訪する父兄が絶えない。

「学校説明会は毎回、たいへん混むんです。あまりの混雑に、せっかくいらしても入場できない父兄もいるほど。複数回は来ないでほしいと繰り返し伝えているのに、それを守らない父兄が出てくるのはいかがなものでしょうか」（幼稚舎関係者）

学校側としては迷惑千万なのだが、そこには父兄の心理も見え隠れする。「先生たちの覚えをよくしておこうと必死なんです」と話すのは、2010年代前半に幼稚舎入試に臨んだ受験者の母親だ。受験する年度だけでなく、その前年度にも学校説明会に足を運び、全部で計5回、参加したという。

「学校側がその熱意を汲み取ってくれるのではと、勝手に想像して……。先生方からすれば、いちいち父兄の顔など覚えているはずもないのに、ここでもう一度行っておかなければ、そのせいで試験に落ちるかもしれないと考えたりするんです。そうすると、居ても立ってもいられなくなり、再び広尾に足を運んでいる。精神状態がかなりおかしくなっていたような気がします」

たとえ、学校側がその父兄の顔や名前を覚えていたとしても、それがプラスに働くことはまずないだろう。約束事を守れない親が子どもに対して、しっかりした教育をしてきたとは思えないからだ。言葉は悪いが、学校側からは〝ウザイ〟親だと思われるのがオチ。それこそ、1990年代末あたりから登場した「モンスターペアレント」の予備軍と警戒されてしまうかもしれない。ちなみに、この母親の子どもは幼稚舎に合格することは叶わなかったという。

離婚で不利になることはない

幼稚舎受験に臨む親について、「必死になるのはよくわかる」と話すのは、有名塾の幼稚舎コースで講師を務めたことがある人物。塾を退職したあとは、私立の小学校に教員として入職した。

「親は自分のミスで子どもが試験に受からなかったと思いたくないのです。特に何がなんでも幼稚舎に入れたいという親にとっては、そのチャンスは一度きり。東大受験なら一度失敗しても、浪人すれば再度チャレンジできますが、小学校受験はそういうわけにはいかない。掛け持ち受験して、どこかに引っかかれば御《おん》の字と思っていれば別ですが、幼稚舎一本に狙いを絞っていたりすると、あとで後悔しないためにも、やれることは全部やっておかなければという気持ちにおちいってしまうのです」

金子改革によって、入学願書から親の職業欄がなくなり、子どもの実力によってのみ判定されることが明確化された。とはいえ、自責の念に駆られたり、疑心暗鬼におちいる親は多い。中でも、離婚や死別によって、親の欄に母親もしくは父親の名前しか記入できない場合、そのせいで入試に不利になるのではと、気持ちが落ち込んで、うつ症状を発症する例も少なくないという。

子どもが少しでも不利にならないように、離婚を先延ばしするケースもしばしばあるようだ。前出の母親はこう話す。

「同じ年にお子さんが幼稚舎を受験した知り合いがいるのですが、すでに1年以上も前から、ご主人とは別居状態が続き、離婚に向けた話し合いも行われていた。でも、それで受験が不利になってはいけないと、離婚届を提出するのを遅らせて、入試に臨んだんです。結局、うちと同じように不合格になり、それからまもなく離婚したそうです」

幼稚舎関係者によると、「ひとり親だという理由で不利になることは決してない」という。幼稚舎のウェブサイトのQ＆Aでも、「保護者の離婚が受験・合否に影響しますか」という質問に対し、「保護者の離婚あるいは死別など、家族構成による影響はありません」と答えている。また、国籍等についても、「保護者の国籍・職業・学歴による影響はありません」と明記されている。

変更された「3つのお約束」

さて、願書を出したら、入試本番の当日を迎えることになる。2019年度新入生の入試は2018年11月1～8日に行われた。この期間中の指定された一日がその子どもの受験日となるのだが、これだけ日程の幅があるのは、男子と女子、生年月日によってグループ分けをして、それぞれ別の日時に試験日を設定しているからだ。

性別によって分けるのは、それぞれの募集人数（男子96人、女子48人）が決まっているため。そして、生年月日順に年少者から約20人単位でグループ分けする。この年代は、誕生日によって成長の度合いが大きく違う。そうしたことで有利不利を生じさせないようにしているのだ。

他の小学校の入試でも、そうした配慮をしているところは多いが、それらは幼稚舎方式を真似たものだ。私立小学校でもっとも古い歴史を持つ学校として、さまざまな試行錯誤を重ねてきた幼稚舎が他校の模範となっている部分は大きいのである。

試験当日、指定された集合時間に幼稚舎を訪れると控室に案内される。なお、一日に何組ものグループが試験を受けるので、各集合時間は朝から昼過ぎまで、別々に細かく設定されている。

呼び出し時間が来たら、テスターからの指示を待って、体操服に着替え、運動靴を履いて待機。さらにテスターから「3つのお約束」が告げられる。「走らない」「前の人を抜かさない」「おしゃべりをしない」である。そして、試験会場に移動するのだが、毎年繰り返されるこの3つのお約束が守れない受験者はほとんどいない。これが合否に影響することは、父兄の誰もがさすがにわかっていて、事前に訓練してくるからだ。

ただし、先に挙げた3つのお約束は2013年度（2012年11月実施）までのもの。2014年度（2013年11月実施）からは一部、項目が変更されている。「走らない」が「受験票を落とさない」に代わったのだ。毎年同じだと、対策を立てられてしまうからというような、うがった見方もできるが、本当のところはどうも違うらしい。実際に受験票をなくした子どもがいたからで、注意を喚起する意味で、この項目がつけ加えられたという。それに、「前の人を抜かさない」という項目があれば、意味が重なる「走らない」は必要なかったのである。

会場に向かう途中で準備室に寄り、さまざまな色が塗られた○、♡、☆、△、□などの識別マークが各自に与えられる。試験会場では、その識別マークが椅子や床に貼られているので、それが受験者の場所となる。

そして、試験の本番が始まる。

幼稚舎入試の実際

幼稚舎入試は大きく分けて2種類。「集団テスト」と「運動テスト」である。ペーパーテストはない。これらを前述したように、生年月日順に分けられた約20人のグループで行っていく。

その内容だが、最大の特徴は子どもたちがいかに楽しみながら取り組めるかに主眼が置かれている点。受験者の本来の姿を見て判断したい学校側としては、子どもたちが退屈せず、リラックスしてテストに臨めるようにしているのだ。そのために毎年、内容を少しずつ変えながら、子どもたちを夢中にさせる工夫を随所に凝らしている。

どんな試験が行われているのか、具体的な事例を取り上げてみることにしよう。

テスターはユニークな答えを期待

まずは、2018年度新入生の入試をみていくことにする。試験日は2017年11月1～6日。前半の2日間が女子、1日おいて後半の3日間が男子という日程で行われた。

試験内容は日によって変わる。同じだと、あとから受ける受験者のほうが有利になってしまうからである。その日行われた試験の内容は、受験関係者の間に瞬く間に伝わってしまうのだ。

2018年度の集団テストは2つの種目で行われた。「絵画・制作」と「行動観察」である。

2パターンあった女子の「絵画・制作」のひとつを取り上げてみる。テスターが「妹にあげるかばん、おじいさんにあげる財布、友だちにあげるリュックサック」の話をして、そのいずれかを作るように指示。使っていい材料や道具は、机の上にある画用紙、セロハンテープ、スティックのり、ひも、リボン、はさみ、クレヨンなどである。

作業中に、テスターから「何を作っているの？」とか、「その中には何を入れるの？」といった質問をされる。出来上がりに加え、質問にどう答えるかも、判定の材料になる。作った物をあげる相手を考えながらの答えなら、評価は上がるだろう。

男子の「絵画・制作」からも、一例を取り上げよう。ロボット博士に扮したテスターが子どもたちにロボットの写真を見せ、「自分ならどんなロボットを作りたいか、絵に描いてください」と促す。さらに、直方体の箱を渡され、ロボットを動かすリモコンを作るように指示される。

制作中、テスターは絵を見ながら、「どんなロボットなの？」とか、「どんなふうに動かすの？」と質問。テスターは、自分が思いもよらないユニークな答えが返ってくることを期待している。

次の「行動観察」はチームゲーム。約20人のグループが5人前後ずつ4チームに分かれ、指定されたゲームを行う。2018年度入試の中から、ジャンケンチャレンジゲームを紹介しよう。

ひとり3枚ずつのコインを持ち、ゲームスタート。他のチームの選手とジャンケンをして、勝ったら相手からコインを1枚もらう。そうやってコインを5枚集めたら、積み木、玉入れ、なぞなぞなどのゲームにチャレンジする権利を獲得。そこで勝てば、金メダルが与えられる。その数が多いチームが優勝だ。

当然ながら、勝てば試験の点数が加点されるわけではない。テスターが見ているのは、子ども一人ひとりの個性。リーダーシップだったり、他者への思いやり、勝ったときの喜び方、負けたときの悔しがり方、人のせいにしない、チームメイトへのいたわり、敗者への対応……。子どものさまざまな個性、性格がこのチームゲームで見えてくるのである。

集中してゲームを楽しむ

「運動テスト」は「模倣体操」と「競走」の2つ。毎年、構成はほぼ一緒なので、事前の訓練が有効である。ただ、落とし穴もある。前年度の内容と少しずつ変化をつけているのだ。もし完璧に覚えていってしまうと、ちょっとした違いに対応できないケースも出てくる。意外にも、臨機応変さが求められるのがこの運動テストだ。

前述したように、各受験者にはいろいろな色と形の識別マークが与えられている。模倣体操では、床に記された自分のマークの上に立ち、テスターの動きを見ながら、同じように体操する。

2018年度入試の模倣体操は、指の屈伸、ひざの屈伸、体側のばし、前後屈、両足跳び、ケンケン・片足バランス、指合わせ、ジャンケンポーズ体操、動物ポーズ体操の構成になっていた。

この中で過去になかったのが「動物ポーズ体操」だ。テスターがワニとライオンのポーズをするので、子どもたちはそれをまず覚える。そして、テスターの「イチ、ニのサン」の掛け声で、ワニかライオンのポーズをする。テスターと同じポーズだったら勝ち、もう一方のポーズをしたら負けである。もちろん、勝敗が問題ではない。ちゃんとそれぞれのポーズを覚えていればＯＫ。ただし、「負けてもいいや」という態度は禁物。勝ったら喜び、負けたら悔しさを顔に出すといった、子どもらしい素直さが大切だ。

こうしてゲーム感覚を織り込みながら展開していくのが幼稚舎入試。前述したように、子どもが楽しく取り組めることを最優先している。もうひとつ付け加えれば、楽しいからこそ集中できるのだ。ところが、事前に過去の課題を訓練しすぎてしまうと、動物ポーズ体操のような、いままでにない課題が出された際、楽しい気持ちどころか、パニックになってしまう。集中力も途切れ、テスターが見せたポーズを記憶することもできなくなってしまうだろう。

競走は3種類。そのひとつを紹介しよう。床には計3つのコーンが置かれている。スタート地点から一番遠いコーンまで駆け足。コーンをＵターンして、次のコーンまで右足ケンケン、その次はゴール地点まで左足ケンケンで帰ってくる。そのほかにも、テスターからいろいろな指示があるので、それを守りながら、グループで順番に行う。指示をしっかり聞いて理解しているか、リズムよく、はつらつと課題がこなせているかなどが判定材料となる。

大切な父親との時間

試験の所要時間は1時間40分程度。もっと短く終わる場合もあるが、いずれにしても、その間、子どもは集中力を保たなければならない。学校側も意識的に、子どもたちが楽しめる課題を多く盛り込むようにして、集中を切れにくくする配慮をしている。同様に、受験者の家族の側も、日頃から何でも楽しもうという空気にあふれているような家庭環境をつくる努力が必要だ。

「愛情に満ちた家庭で育った子どもが一番いいのですが、家族だんらんが少ない環境で育っても、幼稚舎に受かるケースは多い」と話すのは、前出の塾の幼稚舎コース元講師。意外な気もするが、「母親が働いていたり、離婚してひとり親だけの場合も、それほど悪条件ではない」というのだ。

「そうした子どもは想像力が豊かで、ひとり遊びが得意。身近にあるちょっとした物を使って、どうすれば面白くなるか、工夫しながら遊びを編み出す能力に長けている。また、自分の頭の中で物語を創って、ひとりで何役もこなしながら、お芝居をしていたりします。幼稚舎入試で差がつきやすい『絵画・制作』では、他の子どもが真似できないユニークな発想で、絵を描いたり、工作物を作ったりできるのです」

想像力の問題だけではない。母親が働いている場合、必然的に子どもは自分でやらなければならないことが増える。自然と自立が促され、それが幼稚舎入試においてもプラスに作用するのだ。

一方、母親がずっと家庭にいるような場合、注意が必要だという。

「もちろん、お母さんの愛情は大切ですが、専業主婦家庭では子どもに費やす時間がどうしても増えてしまう。その結果、手取り足取り、子どもの面倒を見すぎて、過保護になってしまうのです。そうした環境で育った子どもは、まず試験に通ることは難しい。テスターは考査会場（試験会場）での子どもの様子を見れば、課題は上手にこなしていても、過保護であるのをすぐ見抜きます」

こう解説する元塾講師は、父親や母子家庭の母親の役割は非常に重要だと力説する。

「仕事をしているお父さんや母子家庭のお母さんは普段、子どもと接する時間がなかなか取れません。それだけに、子どもの側からすれば、たまの休みに遊んでもらったり、有給休暇を使って旅行に連れていってもらったことをとてもよく覚えている。そうしたときのエピソードが幼稚舎入試で役に立つことが多いんです」

たとえば、入試のある年の夏に海に出かけたとしよう。潮だまりでさまざまな生き物を採集。父親がその生態を面白おかしく話してあげれば、その内容を子どもはずっと覚えているに違いない。

入試当日を迎え、「絵画・制作」で「恐竜が現代によみがえったときの絵を描いてみましょう」という課題が出たとする。子どもは夏の記憶を呼び起こし、海から這い上がってきた新種の恐竜を描いた。角から紫色の液体を噴射している。すると、テスターが「これはどんな恐竜なの？」と尋ねる。子どもは「アメフラシが進化して巨大化したんです」と答える。「君、アメフラシって見たことあるの？」と聞かれ、潮だまりでの体験を語りだした。

第1章でリポートしたように、幼稚舎では「理科」という教科を非常に大事にしている。こうした実体験に基づく科学にまつわる話は、当然ながら評価が高い。

これは一例にすぎないが、父親（もしくは母子家庭の母親）と触れ合う時間はとても貴重で、子どもにとっても強く印象が残る。できるだけ、そうした機会を持つようにしたい。

塾は必要か

前述したように、幼稚舎のウェブサイトでは、受験に際し「特別な準備は必要ありません」と謳っている。ここでいう〝特別な準備〟とは、塾に通うことを指している。幼稚舎受験を対象としたコースを設けた塾は数多くある。合格するために、こうしたところに本当に通う必要はないのだろうか。

筆者としては、「まったく必要ない」と言い切りたいところだが、そこまで断定的にいう勇気はない。家庭で対応できることも多いと感じる一方、それだけでは足りない部分があることも事実だからだ。

「過去の問題集も市販されていますし、幼稚舎入試特有の問題に、ある程度慣れるのは家庭でもできます。ただ、入試本番ではグループやチームで取り組む課題も多く、そうした雰囲気を家庭で味わうのは難しい。幼稚園や保育園に通っている子どもが大半で、そこで集団行動はできているので、本当はそのまま普段通りのことが出せればいいんですが、現実にはなかなかうまくいかない。幼稚舎の考査会場で周囲にいるのは初めて出会った子ばかりですからね。よほど社交的な性格ならともかく、緊張しないほうがおかしい。やはり、チームによる行動は塾で体験しておいたほうがいいのではないでしょうか」

塾の幼稚舎クラスは、幼稚園や保育園の年中組の11月から、入試のある翌年11月までの1年コースが多い。だが、この元塾講師は自身の経験から、「そこまで必要ないのでは」

という感触を持っている。

「多くの塾が定員いっぱいでない限り、途中入会を認めています。私としては、3～4カ月通えば十分という気がします。さまざまな事情でそれもたいへんなら、春休みや夏休みに各塾で行われている講習会だけでもいい。チームでの行動に慣れるのが目的であり、あとは家庭で入試に合わせた対応をすればOKだと思います」

家庭で気をつけなければならないのは、子どもに押しつけないこと。家でのお絵描きや工作は、幼稚舎受験対策では必須だが、親が無理やりやらせようとするのは厳禁だ。材料や道具だけ用意し、最初のうちは自分の好きなように描かせたり、作らせておくのがいい。

しばらくしたら、動物園や水族館などに連れていってお絵描き。その場でスケッチするのが難しければ、スマートフォンでたくさん写真を撮っておく。家に帰ってから、パソコンの画面で拡大して、それを見ながら一緒に動物や魚の絵を描く。ここでも、あまり口出しをしないようにして、自由に描かせることが肝心だ。描き終わったら、「シマウマさんの模様がうまくできたね」とか「ママが描いたのより、速く走りそうだね」と、具体的にいいところを見つけて誉めるようにする。

絵や工作だけでなく、何をやるにしても、長所を見つけだして誉めることが大切。最初のうちは、「こうしたほうがいい」とか「ここはこう直したら」といったアドバイスも極力控える。子どものやる気を喚起させるには、誉めるのが基本なのだ。

もちろん、間違っていることをしたら、それを注意しなければならないが、頭ごなしに叱ってはいけない。なぜ、いけないのか、子どもが理解しなければ意味がないからだ。萎縮して、すべての行動が消極的になってしまうのが一番良くないのだ。

といっても、注意の仕方は非常に難しい。諭すように語りかけても、何度も同じ間違いをおかしてしまうケースが少なくない。それでも、直るまで繰り返し、根気よく優しく指摘し続けていくしかないのである。そのうち、子どもの〝気づき〟が出てくる場面が必ず来るはずだ。

第4章

もっとも幼稚舎生らしい人々

半世紀以上を学内で過ごす「ミスター慶應」たち

前述したように、幼稚舎生は塾生の中で、もっとも慶應を体現している集団だ。その中には一般の幼稚舎生よりもさらに上の「ミスター慶應」のような一群が存在する。なお、学生団体が運営する「ミスター慶應コンテスト」というイベントがあるが、まったくの別物。ここでいう「ミスター慶應」とは、幼稚舎入学以降、家にいる時間を除いて、人生の大半を慶應の学校内で過ごす人たちだ。

幼稚舎6年間、中学3年間、高校3年間、大学4年間の計16年間を慶應で過ごし、その後は社会に羽ばたいていくのが通常の幼稚舎生のコース。だが、大学卒業後も慶應に居続ける幼稚舎出身者がいるのだ。大学卒業後、大学院を経てそのまま慶應に残り、塾生を教える側になるケースである。たとえば、慶應大で文学部教授を務め、著名なアルピニストでもあった宮下啓三氏もそのひとりだ。

宮下氏が生まれ育ったのは、幼稚舎に徒歩で通うことができる東京市麻布区西町。現在の元麻布である。東側には善福寺があり、江戸時代は門前町として栄える一方、西側には備中国（岡山県西部）成羽《なりわ》藩の藩主・山崎家の屋敷があった。明治以降は高級住宅地として発展。商店は一軒もなく、閑静なたたずまいを保っていた。

1943年4月、幼稚舎に入学した宮下氏は2002年3月に定年退職するまで、ほぼ慶應で過ごした。〝ほぼ〟と表現したのは、その59年の全期間にわたって、慶應にいたわけではないからだ。

1960年代前半に慶應大学文学部の助手に就いていた宮下氏は1965年秋、福澤諭吉記念基金を使い、西ドイツのゲッティンゲン大に留学。1年半、同国に滞在した。

それより同氏の経歴で気になるのは、幼稚舎を卒業して慶應の普通部に進んでからのことである。普通部2年生の夏（1950年8月）になぜか中退し、中高一貫校・湘南学園（神奈川県藤沢市）の中等部に編入しているのだ。しかも、そこを卒業すると再び、慶應に戻り、慶應義塾高等学校（塾高）に入学している。その理由はさだかではないが、戦中戦後の混乱期に起こった出来事だけに、いくつかの原因が推察できる。

戦前、普通部は三田に校舎があったが、1945年5月の東京大空襲で焼失。幼稚舎の校舎の一部を間借りする形で授業を続けていた。終戦後まもなく、普通部の校舎を横浜市日吉に建てることが決定。1951年、新校舎が一部完成すると、1年生だけが移動。翌

1952年には新校舎が全部完成し、全校生徒が移ってくることになった。

この数年間は状況が目まぐるしく変わり、家庭の事情から対応しきれなかった生徒もいたようだ。東京大空襲の前年から東京への空襲は断続的に起こっており、自宅を焼け出され、戦後しばらくは戻れなかった者も少なくなかったはずである。

なお、幼稚舎では1944年春から縁故疎開をした者を除く3年生以上の生徒約350人を伊豆の修善寺に集団疎開させている。親戚を頼って縁故疎開した者と、学校引率のもとで集団疎開した者というように分断されていて、戦後しばらくは混乱が続いたのである。

話を戻そう。宮下氏は湘南学園に通った1年8カ月と、西ドイツ留学の1年半を除く、およそ56年間を慶應で過ごしたことになる。慶應大を定年退職後、帝京大文学部の教授を務めているが、同大に在籍したのは5年にすぎず、それ以上、慶應以外での経歴を重ねることはなかった。健康状態が悪化したためである。病名は胆管がん。闘病の末、2012年5月、75歳で還らぬ人となった。

ここで、宮下氏をピックアップした理由についても触れておきたい。筆者は山登りに夢中になっていた時期があり、山中で宮下氏と会ったことがあるのだ。「会った」というのは正確ではないかもしれない。すれ違って、あいさつを交わした程度の出会いだったからだ。顔は登山雑誌か何かで写真を見たことがあって、すぐにわかった。

だが、いまとなっては、くわしいことはほとんど思い出せない。たしか、南アルプスの山中だったような気がするが、正確な場所や時期（たぶん1980年代前半）はあやふやだ。にもかかわらず、その姿を数十年たったいまもはっきり覚えているのは、宮下氏から滲み出ている育ちの良さと、それとは相反し、いい意味で粗野な部分を感じ、とても印象的だったからだ。それはまさに、幼稚舎出身者のひとつの特徴を表していた。

幼稚舎の教育方針の柱となっているのは、福澤諭吉が唱えた「先ず獣身を成して而して後に人心を養え」である。心を鍛えるより前に、まずは獣のような強くて健康な肉体をつくることが大切だという意味である。言い換えれば、強い身体なくして、人の心は育たないということだ。

それについては、興味深いエピソードがある。幼稚舎の入学試験で高い合格率を誇る若葉会幼稚園（東京・港区）に20数年前に子どもを通わせていた母親はこう話す。

「うちの子が同じクラスの子から物をぶつけられて大泣きしたんです。ところが、先生はその子には何も言わず、うちの子を叱った。物を投げられたら、それが当たらないように逃げるか、よけるかしなければいけないというんです。幼稚舎を目指すには、それくらいの俊敏さと逞しさが必要だと、先生から説明を受けました。物を投げる側を注意しないのはどうなのかという気もしましたが、幼稚舎に合格するには、常識的なやり方では通用しないのだと、妙に納得させられたことを覚えています」

現在はここまで極端な教育方針はとられていないようだが、要するに幼稚舎に入るには、男子も女子もある程度のわんぱくさが必要だということなのだ。男子生徒しかとらなかった戦前に入学した宮下氏の時代なら、なおさらだっただろう。なお、幼稚舎が男女共学になったのは1947年からである。

慶應に引き戻された冨田勝氏

宮下氏に続き、もうひとりの「ミスター慶應」も見ていこう。その称号にふさわしい幼稚舎OBは、慶應大先端生命科学研究所で所長を務める冨田勝氏だ。父は世界的音楽家の冨田勲氏（2016年5月没、享年84）である。勲氏も慶應出身。勝氏の前に、まずは勲氏の慶應での姿を追ってみる。

慶應に入ったのは塾高から。愛知県立岡崎高校から編入した。同級生には、のちに作曲家となる小林亜星氏がいた。勲氏と小林氏には共通点があった。冨田家は愛知県で代々続く医者の家系。小林氏も祖父が医者で、どちらも親から医学部に進むことを期待されていた。

実際、小林氏は塾高から慶應大医学部に進んだが、音楽活動に熱中した末に、親に内緒で経済学部に転部。卒業間際に親に知られ、勘当された。一方、勲氏は弟にその責を託し、慶應大では文学部に進んだ。

塾高時代から作曲の勉強をしていた勲氏は、大学在学中にNHKの音楽番組の仕事を請け負うようになり、音楽家への道を邁進。学校生活の中で自由を謳歌できる環境を得られたこともあって、慶應愛がますます深まっていったのだろう。25歳のとき誕生した長男の勝氏をためらわず、幼稚舎に入学させたのだった。

幼稚舎、普通部、塾高と進んだ冨田勝氏に対しても、親族から医者になることを望む声が出たようだが、結局選んだのは工学部だった。当時、大流行していたアーケードゲーム「スペースインベーダー」にはまり、コンピュータ関連の道に進みたいと考えるようになっていたのだ。工学部在学中に、パソコンで漢字を出力できるシステムを初めて開発。業界内で注目を集めた。

だが、前出の宮下氏とは違い、慶應一筋の人生を歩んだのではなかった。工学部を卒業すると、慶應の大学院には進まず、渡米。カーネギーメロン大コンピュータ科学部の大学院コースに進学した。

同大で博士課程を修了後、准教授に就任。その間、冨田氏はプログラミング言語であいまいな文法を扱う場合に機能を拡張するGLR法を開発。当時のロナルド・レーガン大統領から、アメリカ国立科学財団大統領奨励賞を授与されている。将来的にも、アメリカに軸足を置いた学者人生を送ることが予想されたが、そうはならなかった。結局、冨田氏は慶應に引き戻されてしまうのである。

声をかけたのは、慶應大工学部の相磯秀夫教授だった。1990年、慶應は神奈川県藤沢市に湘南藤沢キャンパスを開設。同キャンパスに設置された環境情報学部の初代学部長に相磯氏が就任することになり、かつての教え子の冨田氏に協力を要請したのだ。10年ぶりに慶應に戻った冨田氏は同学部の助教授に就任。32歳のときだった。

父・勲氏のところで、慶應という環境の中で「自由を謳歌」と記したが、息子・勝氏の場合はさらに自由奔放だった。繰り返すが、幼稚舎出身者はもっとも慶應を体現している層である。伸び伸びと育った彼らは、既成に縛られず、当たり前のように自由を満喫できる人たちなのだ。分別がつく年齢になってから慶應に入った層だと、世間の目を気にして躊躇するようなことも、彼らは気にしない。自然に大胆な発想ができる能力を幼稚舎での6年間で身につけているのである。

では、冨田勝氏の場合、どういう点が自由奔放だったのか。1990年に環境情報学部助教授として慶應に戻った冨田氏は、7年後に教授に就任するのだが、その間、別のことにもチャレンジしていた。

助教授として環境情報学部の教壇に立ちながら、その一方で1994年、慶應の大学院医学研究科博士課程に一学生として入学してしまうのである。コンピュータでは到底できないような知能システムを、生物たちはひとつの細胞から創り出してしまうことに驚き、冨田氏の中で生命のメカニズムを研究したいという欲求が膨らんでいったのだ。

1998年、博士課程を修了し、医学博士号を取得。その後、医学部の教授にも就任した。現在、冨田氏の慶應での肩書は環境情報学部教授、医学部教授、先端生命科学研究所所長となっている。

八面六臂《はちめんろっぴ》の活躍だが、それは幼稚舎時代の人格形成が大きく影響しているのはいうまでもない。ひとつのことにとらわれない冨田氏の生き方は、幼稚舎の教育によって培われたものだ。幼い頃に身についた能力だからこそ、30代以降になっても失われなかったのだ。

まさに「鉄は熱いうちに打て」である。

権力欲が剝き出しになった塾長選挙

「ミスター慶應」にふさわしいかどうか、評価が分かれるのは、幼稚舎を1959年に卒業した安西祐一郎慶應大理工学部名誉教授だ。幼稚舎、普通部、塾高、工学部、同管理工学科助手、同専任講師を経て、1988年、理工学部電気工学科の教授に就任。2011年に65歳で定年退職するまで、慶應の外に出たのはカーネギーメロン大研究員（1976年から2年間）と、北海道大文学部行動科学科助教授（1985年から3年間）だった計5年間だけ。1953年に幼稚舎に入学してから、53年間にわたって慶應の中にいたことになる。

しかも、2001～2009年の2期8年間、慶應全体のトップである塾長を務めているのだ。「誰もが認める『ミスター慶應』のはず」と、傍目からは映る。ところが、慶應OB・OGの反応は必ずしも、好意的なものばかりではない。「幼稚舎生の風上にも置けない」と、怒気の混じった口調で吐き捨てるのは幼稚舎の同級生だ。

「権力欲のかたまりで、およそ幼稚舎生らしくない。良くも悪くも、おっとり構えるのが私たちの生き方。もし、それを欲しいと思っても、自分から取りにいくようなことはしない。安西はあまりにガツガツしすぎていて、自身を下げたばかりか、幼稚舎の品格まで貶めてしまった」

この同級生の言葉は何を指しているのか。そのひとつは、２００９年4月の塾長選挙についてである。安西氏は3期目を目指し、立候補していた。だが、名乗りを上げること自体、図々しいという声が強かったのだ。

２００８年、創立１５０周年を迎えた慶應は、安西塾長の号令のもと、さまざまな記念事業を計画。日吉の7階建ての複合施設をはじめ、各キャンパスでハコモノを次々に建設。記念事業全体にかかる費用は９００億円を超えてしまった。この大半を寄付金等で賄う予定だったが、集まったのは２８５億円にすぎなかった。

残りは学校法人側が負担するほかなかったが、安西体制のもとで学校財政はガタガタになっていた。金融取引の失敗で、２００８年末には２２５億円の含み損が出ていたことが発覚。リーマンショックの影響もあり、その後、含み損は４００億円超まで膨らんだ。当然、安西塾長に批判の矛先が向けられたが、当人はどこ吹く風とばかり、塾長選挙への出馬を表明したのだった。

ここで簡単に、塾長選挙の仕組みについて説明しておこう。それが少々複雑なのだ。2回の予備選と本選によって決まるのだが、最初の段階では24人もの候補者がいる。大学の全10学部、一貫教育校、職員の12部門から2人ずつ候補を推挙。この24人を1回目の予備選で5人に絞る。さらに2回目の予備選で3人に絞り、本選で塾長を決定する。

なお、予備選で投票する選挙人は、先の12部門から選出した450人。本選では、各学部長などの学校幹部と、評議員会で互選された大物OBらで構成される銓衡（＝選考）委員会で話し合いが行われ、3人の候補者がひとりに絞られる。最後は、評議員会の承認を経て決定する。

さて、2009年の塾長選挙だが、安西氏は1回目の予備選では5人の候補には残ったものの、2回目の予備選では3人に残れなかった。

「塾長を務めていた8年の間に、その人望は地に墜ちていた。身のほど知らずといったら言いすぎかもしれませんが、もし安西さんが塾長に選出されるようなことになれば、慶應内でクーデターが起きかねない情勢だっただけに、まずは胸を撫で下ろしたことを覚えています」と、当時を振り返るのは評議員のひとり。

塾長2期目の2008年、安西氏は各学部の教員による投票で決めていた学部長の指名権を塾長に移そうとしていた。権力基盤を強化し、長期政権を目指したわけだが、さすがに周囲から賛同を得られず、目論見は頓挫した。なお、こうした長期独裁政権を目指す策動が今後、起こらないように、2012年3月、慶應義塾規約の塾長任期に関する項目は「2期8年まで」と改正された。

「安西のような人物が幼稚舎生の代表みたいに思われるのは心外。評価を下げたのは、この塾長選挙だけではないんです」と話すのは、前出の幼稚舎同級生。塾長選挙から2年もたたないうちに、安西氏にまつわるもうひとつの問題が浮上したのである。

誤解を招きやすい幼稚舎出身者

NHK会長候補として、安西祐一郎氏の名前が浮上していることが洩れ伝わったのは2010年12月のことだった。NHK会長ポストは島桂次氏、川口幹夫氏、海老沢勝二氏、橋本元一氏と、生え抜きの起用が続いていたが、2008年1月、19年ぶりに民間の福地茂雄氏（元アサヒビール社長）が就任した。高齢ということもあり、1期（3年）での退任を早い段階で公言。福地氏の後釜として、会長人事を決めるNHK経営委員会で安西氏の名前が挙がり、最有力候補となっていた。

経営委員会は安西氏に打診。本人から内諾を得ていたが、まもなく、どんでん返しが待っていた。年をまたいで2011年1月初め、経営委員会が突如、内定を撤回してしまうのだ。

その理由は主に2つ。一点目は2010年12月、安西氏内定について、週刊誌が経営委員や関係者に取材をかけたことだった。その際に、安西氏の慶應での経営失敗や塾長選挙でのゴタゴタが、経営委員らに知られるところとなった。安西氏がNHK会長にふさわしくないのではという疑念が、経営委員の間で生まれたのである。逆にいえば、それまで経営委員たちは、安西氏の身の回りで起こっていた事情をほとんど知らなかったということでもある。調査不足は明らかで、人選がおざなりな形で進められていた事実が露呈した。

内定撤回のもうひとつの理由は、安西氏が経営委員会に対して行った質問だった。項目は全部で3つ。①都心に住まいを用意できるか、②会長の交際費はあるのか、③副会長を自分で連れてこれるか、である。質問といっても、これでは要求に近い。その高飛車な内容に、経営委員たちの間で、安西氏に対して「何様のつもりだ」という空気が広がり、打診を撤回するという流れになってしまった。

「安西さんは経営委員会の現場を訪れ、あれは単なる質問で、確認をしたかっただけだと釈明。しかし、態度を硬化させた経営委員たちを納得させることはできず、結局、安西氏の側が就任を拒否するという形で、幕引きとなったのです」（当時の経営委員会関係者）

このNHK会長選任事件については、「みっともないだけ」（前出・幼稚舎同級生）と辛辣な声も聞こえてくるが、塾長選挙のケースとは違い、いかにも幼稚舎出身者らしい部分も表れている。こうした顰蹙《ひんしゅく》を買いそうな質問を無邪気に、平気でできてしまうのは、幼稚舎生の一部にときどき見られる「空気が読めない」タイプの典型だからこそという気もするのだ。

安西氏自身としては、「質問の答えがどうであれ、NHK会長を受けるつもりだったが、曲解されてしまった」（安西氏に近い慶應OB）というのが真相のようだ。経営委員会に出向いた際も、まったく理解されず、悔しさのあまり、うっすら涙を浮かべていたとの証言もある。

そういう意味では、非常に誤解を生みやすい人物なのだろう。筆者は安西氏の講演会に出たことがあるが、話は明晰で、とても快活な印象を受けた。塾長続投に固執したときのような権力欲丸出しのパフォーマンスはいただけないが、幼稚舎生の天真爛漫さはいまも健在だ。ただ、自分の行動がどういう結果を生むのか、思いが至らないところは、いかにも幼稚舎出身者らしい。いい意味で、計算高く振る舞えないのである。

「空気が読めない」をはき違えた異端児

「空気が読めない」は幼稚舎出身者の特徴のひとつだが、けっしてネガティブな要素とはいい切れない。裏返せば、それは自身の気持ちに素直という意味でもあるし、前出の冨田勝氏を見てもわかる通り、他人に左右されず、自由な発想を生み出す源泉にもなる。しかし、「空気が読めない」も行きすぎると、他人どころか、社会に大きな迷惑をかけることにもなりかねない。２０１７年6月に経営破綻したエアバッグメーカー「タカタ」の会長兼社長を務めていた創業家出身の高田重久氏（幼稚舎１９７２年入学、慶應大理工１９８８年卒）は、まさにその典型といえるだろう。

アメリカでタカタ製エアバッグによる初の死亡事故が起きたのは２００９年5月のことだった。交通事故で作動するエアバッグが異常破裂を起こし、金属容器の破片が飛び散り、運転者の命を奪ったのだ。その後も事故は続き、世界で17人が亡くなった。

すでにアメリカのマスコミが「殺人エアバッグ」と書き立てていたが、問題が最悪の方向に向かいだしたのは、２０１４年の年の瀬がそろそろ近づこうかというときだった。アメリカの運輸省から全米規模でのリコールを実施するように要請されたが、タカタ側は拒否。アメリカ政府と同国民の大半を敵に回すことになってしまった。経済産業省通商政策局職員は次のように話す。

「従来、リコールは自動車メーカーが実施し、部品メーカーが行うことはほとんどなかった。高田会長もそうした考えにとらわれ、そこからなかなか抜け出せなかったんです。何より、それ以前の問題として、事故の原因がタカタにあることを、なかなか認めようとしなかった。１種類のクルマだけならいざ知らず、さまざまなメーカーや車体で起こっているにもかかわらず、原因がはっきりと特定できていないからと、判断をどんどん先延ばしにしていった。もしかしたらエアバッグではなく、車体に問題があるのではないかという、高田会長の独りよがりの希望的観測で、対応が後手後手に回っていったんです」

タカタが納品先である各自動車メーカーに虚偽の性能データを伝えていたことが、のちに露見した。

「この時点で、高田会長がどこまでその事実を把握していたかどうかはともかく、リコール拒否はあってはならない選択だった。自動車メーカーが問題に対応していた時代とは違い、その数年前から部品メーカーが矢面に立たされるケースが増えていたんです。なのに、各自動車メーカーとの個別対応で済ませられると考えたのは、明らかな判断ミスといわざるをえない」（同）

だが、認識不足だけが問題だったわけではない。高田氏の姿勢というか、そのキャラクターが企業を奈落に突き落とす最大の要因になったと、多くの関係者は語る。

「いざとなると逃げ回るばかりで、トップとしての自覚がまるでなかった」と証言するのは、タカタの元幹部。エアバッグ問題に関し、アメリカ議会では2014年11月・12月と2015年6月の計3回、公聴会が開かれたが、そのいずれにも高田氏は出席しなかった。

その約5年前、急加速問題で揺れるトヨタの豊田章男社長がアメリカ議会の公聴会や北京での謝罪会見に臨み、自らの言葉で語ったのとは、えらい違いだった。豊田氏としては針のムシロに座らされる思いだっただろうが、トップのそうした姿をさらすことで、アメリカ現地法人をはじめとするトヨタグループの従業員の結束力は一気に高まり、その後の躍進につながったのだった。

一方、高田氏の対応は、豊田氏とはまるで違った。というより、対応をまったくしようとしなかったのである。

2015年６月25日に、欠陥エアバッグ問題の会見で謝罪する高田重久会長兼社長（右）。写真：AP／アフロ

「アメリカでの批判が日増しに高まるさなか、高田さんは1カ月も雲隠れ。自社の幹部ですら連絡がとれない状況だったんです」（タカタ元幹部）

いま以上に重視された血筋

アメリカはおろか、日本でもなかなか姿を見せない高田氏がようやく表舞台に姿を現したのは、２０１５年6月25日の株主総会当日だった。総会後、記者会見に応じたのだ。

「高田さんは最後まで、会見に出席することを渋っていたんです」と明かすのは、前出の元幹部。そもそも、この日、会見すら開く予定はなかったのだという。しかし、集まった記者たちから激しい突き上げを食らい、会社側としても対応せざるをえなくなり、駄々をこねるように抵抗する高田氏を幹部たちがなんとか説得。会見に漕ぎ着けたのだった。

うつろな顔で会見に臨んだ高田氏は、耳を澄まさなければ聞きとれないほどの声で、事件の経緯を話した。会社側がすでに説明してきたことをただ、なぞっただけだった。記者が核心に触れることを質問すると、まるで壊れたテープレコーダーのように、再び同じ説明を繰り返した。質問と答えがまったく嚙み合っていなかった。

言質をとられないように必死になっている様子が見てとれたが、会見の最中、高田氏が一瞬だけ表情を変えた。記者から「経営の意思決定に母親の意見が反映されているのでは？」という質問が飛んだときだ。気色ばむように、高田氏は「重要な経営判断は私が決めている」と答えた。

母親とは、「タカタの女帝」と呼ばれる高田暁子氏。創業家2代目社長・高田重一郎氏（2011年2月没、享年74）の夫人である。

「単に社長夫人というだけでなく、1990年代からは常務を務め、タカタの経営にも深く関与すると同時に、長男である重久さんに帝王学を教え込んできた。といっても、お嬢さまが頭で考える帝王学にすぎず、ただただ過保護なばかり。細かい助言を繰り返し、重

久さんの自立心が育つのを阻害する結果となってしまったんです」（元幹部）

そうした状況は、高田氏が社長に就任した2007年6月以降も続いていたという。

暁子氏の父は凸版印刷の「中興の祖」と称される山田三郎太元社長。長兄の妻の妹は常陸宮に嫁ぎ、皇室とも縁戚にある。いわば、国内有数の良家の子女である暁子氏が進んだのは慶應大法学部。夫・重一郎氏も慶應大の経済学部で、息子の重久氏が幼稚舎を目指すには、かなり有利な家庭環境にあったのは確かだ。

両親とも慶應のOB・OGで、その一方が同族企業の経営者というのは、1970年代初頭の幼稚舎の入試においては、かなり大きな加算要素。幼稚舎の受験者で親が慶應というケースは非常に多いが、どちらもとなると、かなり減ってくる。しかも、父方の祖父は創業者、母方の祖父も業界最大手の社長となれば、少なくとも、高田重久氏が受験した当時は〝鬼に金棒〟ともいえた。計り知れないほどの圧倒的プラス材料だったのである。

第3章で触れたように、かつては幼稚舎の入学願書には親の職業欄に加え、祖父母の氏名を記入する欄もあったのだ。そのいずれも金子郁容舎長時代（1999年春〜2002年秋）に廃止されたが、それまで、幼稚舎側がいかに親族の生い立ちを重要視してきたかがわかるだろう。なお、金子舎長時代に親の面接もなくし、以降は子どもの行動以外の要素はなるべく排除して、合否の判断をしようという流れになっている。

目に余る母親の過保護

さて、幼稚舎に無事、入学した高田重久氏だったが、果たしてその長所を取り込めたかとなると、大いに疑問が残る。幼稚舎での教育の指針となっている福澤諭吉の言葉「先ず獣身を成して而して後に人心を養う」が、高田氏にはあまり役に立っていないようなのだ。まずは養われるべき逞しさが身につかず、ひ弱なまま、年を重ねてしまったかのように映る。その大きな原因は、前述したように、母親・暁子氏の過保護である。幼稚園に通っていた時代は毎日、母親がクルマで送り迎えしていたという。

「重久さんを幼稚園に送る際、追突事故に遭っているんです。それがのちに、タカタがチャイルドシートを手がけるきっかけになった」と、元幹部は話す。

1960年代にシートベルトの製造販売を開始。躍進を続けていたタカタが次に参入したのが、暁子氏の肝煎りでスタートしたチャイルドシートだった。2000年4月以降、子どもをクルマに乗せる際にチャイルドシートの着用が義務づけられ、同社の業績を押し上げる原動力となった。

その一方で、チャイルドシート参入の契機となったその事故は、暁子氏の息子に対する過保護ぶりをさらに加速させることになった。事故後も相変わらず、クルマでの送迎を続けた。少しでも長く、息子との時間をつくろうとしているかのようだった。「幼稚園を卒業して幼稚舎に入学してからも、暁子さんは重久さんの送り迎えを続けていた」と、元幹部は振り返る。

幼稚舎では、クルマによる送迎は原則禁止。歩いて通える距離に自宅がある生徒を除き、電車もしくはバスでの通学が基本となる。ただ、中にはクルマで送迎してもらう生徒も少なからずいた。

「正門近くまで乗りつけるのはまずいので、少し離れたところで降ろしてもらうのですが、周囲の同級生にはばれてしまう。いつまで親に送ってもらっているのだとバカにされるのがイヤなので、まもなくひとりで通学するようになるのが普通です」と話すのは、1990年代に幼稚舎に通っていた女性。

だが、高田家の場合は違った。「重久さんが高学年になる手前くらいまで、暁子さんによる送り迎えは続いていた」(元幹部)という。

ついに会社を潰す

親離れできない高田重久氏は、幼稚舎ではまったく目立たない生徒だった。中学以降も同級生のほとんどが思い出せない地味な存在だったが、慶應という領域内で高田氏の名前がクローズアップされたことがある。2013年に行われた慶應大1988年卒の同窓会「129三田会」による卒業25年記念事業で幹事を務めたのだ。

「特に幼稚舎OB・OGはいわゆる慶應を象徴している存在なので、さまざまな行事で起用されるんです。高田さんの場合は理工卒ということも大きかった。幼稚舎出身で理工学部に進む学生はかなり数が限られている。卒業25年記念事業のような大きな行事では、各学部から幹事を出してもらうので、高田さんにもお鉢が回ってくることになったというわけです。といっても、高田重久って誰だっけといった反応を示す同級生も多かった。みんな、ほとんど印象がないんですね。25年事業で高田さんが積極的に動くことはなく、ただ、名前を列ねるだけのお飾り的な幹事でした」(1988年卒で慶應大の同窓組織「三田会」の関係者)

こうしたところで名前が出てこなければ、少なくとも慶應内では忘れ去られた存在になっていただろう。16年間も慶應に在籍しながらも、その痕跡をどこにも残すことはできなかった。幼稚舎生特有のハツラツさも、高田氏とは無縁だった。たとえ、タカタのエアバッグ問題が浮上したところで、それを慶應の高田氏と結びつけて考える同級生はほとんどいなかったのである。

そういう意味では、高田氏に対して、同級生をはじめとする慶應の同窓生たちがマイナスのイメージを持つことはなかった。しかし、企業人としてはそういうわけにはいかなかった。エアバッグ問題での対応のまずさで、著しく評判を下げた高田氏だが、さらに顰蹙を買うことになる。幼稚舎生の無邪気な「空気が読めない」とはレベルがはるかに違う行動で、その人格に対する評価は地に墜ちてしまうのである。

トップが説明責任を果たさず、タカタに対するバッシングが最高潮に達するさなかのことだった。2015年3月、東京・品川区の高級住宅地に、高田氏の新築の自宅がお目見えしたのだ。地上2階・地下1階のその白亜の豪邸の延べ床面積は588㎡。

こうしたものをこの時期に建てるなど、「空気が読めない」どころではない。もはや、「無神経」とか「自己中心的」という言葉では言い表せないほどの愚行である。17人もの死亡事故を起こした企業の最高責任者としての立場をどこかに置き忘れてきたかのようだった。被害者の感情を逆撫でし、その人間性さえ疑われる行為は、タカタという企業の行く末を決定づけた。

２０１７年６月、タカタは東京地裁に民事再生法の適用を申請した。負債総額は１兆円を超えた。製造業では、戦後最大の倒産だった。

同月、タカタはアメリカの自動車用安全部品メーカー「キー・セイフティー・システムズ」（ＫＳＳ社）と事業譲渡で基本合意。２０１８年４月、事業譲渡が完了し、高田氏は会長兼社長を退任し、タカタは完全に創業家の手を離れた。そして同年６月には、商号もＴＫＪＰに変更され、タカタの名前も消滅したのだった。

「この売却劇は、日本政府がもっとも望まない形だった」と話すのは、経済産業省通商政策局職員。

「ＫＳＳ社の親会社は中国の寧波均勝《ニンボージョイソン》電子。実質的には中国企業なんです。中国への技術流出を避けたい日本政府としては、何としてもＫＳＳ社への事業譲渡を阻止したかった。しかし、売却先として有力と見られていた欧米企業が次々に撤退。結局、ＫＳＳ社しか交渉相手はいなくなってしまった。その大きな原因のひとつは、高田重久氏がこの期に及んでも、自力で生き残れると考え、後手後手を踏んだこと。気がついたら、すべてが手遅れになっていた」

ＫＳＳ社が寧波均勝電子の傘下に入ったのは２０１６年６月だが、その数年前、タカタは同社を買収しようと計画を進めていた。企業規模はタカタのほうがずっと大きかったのだ。最後は、飲み込もうとしていた相手に飲み込まれるという皮肉な結果に終わったのだった。

終焉を迎えた母と子の愛情物語

結局、タカタの失敗は高田重久氏という人物に、トップとしての資質がまったく備わっていなかったことに尽きる。その原因をたどれば、母親・暁子氏の長男・重久氏への過保護に行き着くのである。

せっかく、小学校の段階で、練りに練られた幼稚舎の教育システムの中で育成される機会を得ながら、それを凌駕するほどの暁子氏の溺愛が、高田氏の人間としての成長を止めてしまったのではないだろうか。幼稚舎生らしい逞しさを身につける時間を奪われ、母親の徹底した愛情のもとで育った高田氏。その母親による庇護は、彼が社会人になってからも続いたのである。

だが、相互依存の母親と息子の関係は、一気に崩壊する。タカタの身売りがはっきりしてくると、高田重久氏と、暁子氏および次男・弘久氏（重久氏の弟）との資産の分捕り合戦が勃発するのだ。

タカタの筆頭株主は株式52・1％を所有するＴＫＪ。高田家の資産管理会社である。このＴＫＪの上に数社の親会社が連なり、それら各社の取締役に重久氏、暁子氏、弘久氏が就く形で、タカタを支配すると同時に、創業家の資産を守ってきた。

最初に仕掛けたのは重久氏だった。ＴＫＪの親会社のひとつに新株を発行する手法で、別の親会社の支配権を掌握。そこの取締役だった暁子氏と弘久氏を解任し、追い出してしまったのだ。

すると、暁子氏と弘久氏も対抗手段に打って出る。前出の会社とは別の親会社で代表取締役を務める重久氏を解任。さらには、先の新株発行に関し、無効を求める民事訴訟を東京地裁に起こした。

タカタが壊滅に向かう中で、急速に目減りする創業家の資産をめぐって、母と子が醜い争いを繰り広げている構図だが、重久氏の側にも負けられない事情があった。品川区に新築した豪邸で重久氏の名義になっているのは上物の建物だけ。敷地（約４８０㎡）はＴＫＪの親会社の一社が所有し、その代表取締役には暁子氏が就いているのだ。この豪邸だけは何としても守りたいと思う重久氏にとって、もはや暁子氏は邪魔な存在になってしまったのである。

かくして、半世紀以上にわたって紡いできた母と子の歪《いびつ》な愛情物語は終焉を迎えたのだった。

本当は「空気が読める」幼稚舎生

「親の過保護は多いですが、3年生ぐらいになれば、生徒の側は大半がそうしたことを疎ましく感じるようになり、自発的に行動するようになる。いつまでも母親の庇護のもとにあった高田重久さんのような例は非常にまれで、いたとしてもクラスにせいぜいひとり程度です」

こう話す幼稚舎関係者は、次のように続ける。

「そもそも、『空気が読めない』というのも一面的な見方にすぎない。実際は他者に対して、思いやりが強い子が多い。むしろ、『空気が読める』のが幼稚舎生の特徴です」

わかりやすい例を挙げてみよう。元東京都知事・石原慎太郎氏の息子たち4兄弟の場合である。長男・伸晃《のぶてる》氏は中学（普通部）から慶應、次男・良純《よしずみ》氏、三男・宏高《ひろたか》氏、四男・延啓《のぶひろ》氏の3人は幼稚舎から慶應に入った。幼稚舎での教育を受けていない伸晃氏と、幼稚舎OBの良純氏を比較してみることにする。

環境大臣だった石原伸晃氏が信じられないような暴言を吐いたのは2014年6月のことだった。東京電力福島第一原発事故の放射性廃棄物を保管するための中間貯蔵施設の建設をめぐる福島県側との交渉について、記者団の囲み取材で質問に答えた際に、それは起きた。伸晃氏は「最後は金目でしょ」と言い放ったのだ。

中間貯蔵施設の建設を地元に受け入れさせるためには結局、いくらカネを積むかに尽きると言っているのだが、それにしてもあまりに下品な表現である。「金目」という言葉で、すぐに連想されるのは、家に押し入った強盗が庖丁を突きつけながら「金目の物を出せ」というセリフだ。まるで、地方自治体や住民たちが、国からできるだけ多くのカネを引き出すために、ゴネているかのように聞こえる。

しかも伸晃氏は、5月末からこの囲み取材の前日まで連日行われていた16回に及ぶ中間貯蔵施設の説明会に、一度も姿を現していないのだ。環境大臣の座にありながら、トップとしての責任を果たさないまま、被災地の住民や地元の自治体関係者たちの感情を逆撫でするような心ない言葉。失言のレベルをはるかに超え、誰が聞いても悪態をついているようにしか聞こえない金目発言で、伸晃氏は世間から集中砲火を浴びることになったのだった。

他者の気持ちがわかる

石原伸晃氏の金目発言は「空気が読めない」どころではない。たとえ、もし思っていたとしても、それがどんな事態を招くのか考えれば、責任ある人間が決して口に出してはいけない言葉である。それがどう波及していくのか、わからないようでは、想像力の著しい欠如というほかかない。

この発言に対し、野党からはその人間性さえ疑うような厳しい批判が相次いだ。子ども時代、どういうしつけや教育を受けてきたのか、親のあり方まで問う声も少なくなかったのである。

一方、伸晃氏の4学年下の弟・石原良純氏。慶應大経済学部に在学中から、叔父の石原裕次郎氏のもとで役者人生をスタート。その後はタレント、キャスター、コメンテーター、気象予報士と、マルチな活躍をしている。

最近は、日本プロ野球界のレジェンド、長嶋茂雄氏の長男でタレントの長嶋一茂氏や、ヴァイオリニストの高嶋ちさ子氏とバラエティ番組で共演。三者三様に歯に衣着せぬ発言を連発。「毒舌トリオ」と呼ばれ、人気を博している。いずれも裕福な家庭に育ち、言いたいことを遠慮なく口にしてしまうのだが、嫌味がなく、相当な毒舌を吐いてもネット上で炎上することもない。

この3人の中で、ひときわ存在感を示しているのが良純氏だ。昔から「お坊ちゃまキャラ」で売ってきただけに、そうしたツボは心得たもの。わがままそうに振る舞いながらも、他人を傷つけるような言葉は決して口にしない。

生放送の出演も多いが、安定感は抜群。辛口コメントを発しながらも、抗議が来るようなことはなく、番組スタッフからも全幅の信頼が置かれているという。かつて、良純氏が出演する情報番組を担当したことがあるディレクターは、次のように話す。

「人の和をとても大切にする人物で、下っ端のスタッフに対しても、とても気を遣う。タレントである自分の立場をよくわきまえていて、きついことも絶対に言わないんです。ADなどがタレントから怒られたら、萎縮するのがわかっているので、優しく接するように心がけているのでしょう」

前述したように、幼稚舎では3年生の宿泊遠足から始まって、6年生まで泊まり込みのカリキュラムが組まれている。これが幼稚舎OB・OGの人格形成に及ぼす影響は大きいという。幼稚舎関係者はこう話す。

「同級生と寝食をともにする機会をたくさん持つことで、他者の気持ちを理解できる人間が形成されていくのです」

OB同士お互いを尊重し合う

周囲からの石原良純氏についての評判で、悪いものはほとんどない。お坊ちゃまキャラとは裏腹に、「思いやりが非常にある」という声が方々から聞こえてくる。まさに、幼稚舎生らしい「他者の気持ちを理解できる人間」なのである。

福澤諭吉の理念のひとつ「独立自尊」は、幼稚舎の教育において、もっとも重要視される指針であることは、これまでも述べてきた通りだ。これは言い換えれば、自ら決めた道を自身の力で切り拓き、貫くことができる人間を育てるという目標である。

だが、それは単に我が道を行く「唯我独尊」とは、対極にあることを知っておかなければならない。独立自尊を実現するには、前提となるルールがあるのだ。我が道を行こうとして、他者の行く道を阻んではならないということである。

自分の道を進むために、他者の邪魔をするようなことがあってはならないという、お互いを尊重し合う精神を幼稚舎では学ぶのだ。この「共生他尊」の理念を、幼稚舎生たちは生徒同士の体験を通して、肌感覚で身につけていくのである。

そうして生まれた絆は、幼稚舎生たちのその後の人生においても、非常に重要な位置を占めることになる。良純氏と、幼稚舎の同級生で衆議院議員の長島昭久氏の関係を見ても、それはうかがいしれる。

1990年に石原伸晃氏が初めて衆議院選挙に出馬する際、弟の良純氏は同級生の長島氏に協力を求めた。当時、長島氏は慶應大大学院法学研究科の博士課程に在籍。小林節教授（現名誉教授）のもとで、憲法学を学ぶ大学院生だった。

良純氏の要請を快く引き受けた長島氏は、大学時代に在籍していた応援指導部の後輩たちを総動員。全精力を傾けて、伸晃氏の選挙応援にあたった。それは伸晃氏のためというより、独立自尊や共生他尊の理念を一緒に学んだ良純氏から、声をかけられたからにほかならなかった。それだけ、幼稚舎OB・OGの絆は強固だったのだ。

長島氏の協力もあって、伸晃氏は無事当選。そのまま、長島氏は伸晃氏の公設第一秘書に就任した。だが、それは良純氏という媒介があっての関係にすぎなかった。3年後に長島氏は秘書の職を辞し、アメリカに留学。伸晃氏とは袂を分かったのだった。

なお、石原家のように兄弟で幼稚舎というケースは多い。千住博氏（日本画家）、千住明氏（作曲家）、千住真理子氏（ヴァイオリニスト）の兄妹。世界的ファッションデザイナー森英恵《はなえ》氏の孫でタレントの森泉氏も自身だけでなく、長兄・森研《けん》（メディアプロデューサー）、次兄・森勉（ファッションデザイナー）、妹・森星《ひかり》（ファッションモデル）が幼稚舎の出身だ。

いかにも華麗なる一族という感じの面々だが、そうでなくても幼稚舎には兄弟が目立つ。そうした傾向が出るのは、家庭環境が大きく関係しているのだろう。やはり、伸び伸びとした環境で育った子どものほうが、幼稚舎には合格しやすいのである。

第5章

幼稚舎出身者の強烈な慶應愛

横浜初等部は幼稚舎に追いつけない

慶應義塾に属する学校群は「大学」と、小学校〜高校の「一貫校」に分けられる。現在、一貫校には、小学校が幼稚舎（1874年開学）、横浜初等部（2013年）、中学が普通部（1898年）、中等部（1947年）、湘南藤沢中等部（1992年）、高校が高等学校（通称「塾高」、1949年）、志木高等学校（1948年）、湘南藤沢高等部（1992年）、女子高等学校（1950年）、ニューヨーク学院（1990年）となっている。

この中で、横浜初等部と湘南藤沢中等部・高等部はひとつのグループと見なすことができる。幼稚舎からは湘南藤沢中等部も含め、どの中学でも選べるが、横浜初等部からは湘南藤沢中等部しか選択肢がなく、湘南藤沢中等部からは湘南藤沢高等部しか選択肢がないからだ。また、普通部と中等部からは湘南藤沢高等部も含め、どの高校でも選べる。なお、普通部と塾高は男子校なので、女子生徒が選ぶことはできない。

これら一貫校には、慶應内部でランク付けがある。ニューヨーク学院はかなり特殊なので対象外。もっとも格下なのは、歴史が浅い横浜初等部と湘南藤沢の中高だ。一方、格上は幼稚舎、普通部、塾高の3校となる。塾高は開学年度はそれほど古くないが、元々は普通部の一部であり、戦後の新学制への移行にともない、分離して誕生したもので、歴史的には伝統校と見なされる。

この格上3校の中で、圧倒的に格付けが上なのが幼稚舎である。世間ではそこまでの認識はないだろうが、慶應内部ではそう見られ、さらにいえば、幼稚舎出身者自身がそうした自負を強烈に持っている。

自分たちは「内部」、ほかは「外部」

「幼稚舎出身の生徒同士が陰で、自分たちのことを内部、僕らのことを外部と呼んでいるのを知り愕然としました」と話すのは中等部から慶應に入ったOB。大学受験を経て慶應に入った学生を外部生、高校からの持ち上がり組を内部生と呼ぶのが一般的だが、幼稚舎出身者は自分たちと〝それ以外〟という分け方をしているのだ。そこには彼らだけの世界が広がっている。

「自分たちだけでグループをつくって、その周りにはバリアを張って、僕らをまるで拒絶しているような感じなんです。幼稚舎出身同士で誕生会などもやっているようでしたが、僕らが呼んでもらうことはなかった」

　中等部での幼稚舎出身の割合は4分の1～3分の1程度。年度によって、その割合は変わるが、いずれにしても、人数が多いのは中学受験に合格して入ってきた生徒。にもかかわらず、疎外感を持つのはマジョリティの側なのだ。幼稚舎出身の連合三田会役員は次のように話す。なお、連合三田会は慶應大の各同窓会を取りまとめる中央組織だ。

「幼稚舎でまとまっているというより、同じクラスだった仲間と仲良くしているといったほうが正しいと思います。6年間ずっと同じクラスでやってきたので、外部の人がいきなり入ってきて、彼らとも親しくしろと言われても、すぐには難しい面がある。でも、それも最初のうちだけで、サークルや学校行事などで一緒になるうち、外部の人とも親密になっていくんです」

　前述したが、幼稚舎は6年の間、クラス替えが一度もなく、1クラス36人（この三田会役員の時代は44人）の顔ぶれはずっと一緒である。親しさの度合いがまるで違うのだ。しかも、担任教師も6年間ずっと同じで、生徒の一人ひとりの性格をよく把握し、クラスは他校では考えられないくらい、まとまっている。ただ、〝外部〟からすると、幼稚舎から上がってきた生徒の態度が鼻持ちならないという声もある。

「自分たちが慶應を代表しているという意識が非常に強くて、声をかけてもらえないだけではなく、僕らを見下している感さえある。あちらは上流階級で、こちらは一般庶民という感じ。世が世なら、同じ場所にいることもありえないといった雰囲気を醸し出しているんです」

前出の中等部OBはこう振り返るが、それはさすがに言いすぎと、連合三田会役員は否定的な見方をする。

「たしかに幼稚舎に裕福な家庭の子弟が多いのは事実ですが、中学から入ってくる生徒も家庭が裕福な子がけっこういる。ただ、幼稚舎の場合、とんでもなく金持ちという生徒が混じるので、そのイメージが強いんだと思います。そもそも、そうした裕福さを鼻にかけるような子どもは幼稚舎に合格できないと思うし、実際、素直な生徒が多い。普通部、中等部、塾高などから入ってきた生徒を外部と呼ぶのは本当ですが、見下しているわけではありません」

ただし、幼稚舎OB・OGが見下し、疎外している学校がひとつだけある。横浜初等部である。

「幼稚舎と並ぶ」に腹を立てるOB・OG

「第二幼稚舎を創るという意図で、横浜初等部ができたのですが、はっきり言ってしまえば、慶應義塾の経営的な意味合いが強い。1874年に創立された幼稚舎は、慶應にとって唯一無二の存在。第二幼稚舎という発想自体がどうかしている。幼稚舎が圧倒的なステータスを持っているので、第二の幼稚舎を創れば、十分、経営は成り立つと踏んだのでしょうが、横浜初等部は幼稚舎に似て非なるもの。幼稚舎OB・OGの多くが怒り心頭なんです」（前出・幼稚舎OBの連合三田会役員）

2013年に開校した横浜初等部の設置計画が浮上したのは2005年。慶應義塾の「創立150年記念事業計画」で、設置への提言が盛り込まれたのだ。当時、慶應義塾の塾長を務めていたのは、第4章で登場した安西祐一郎氏である。

「塾長3期目を狙う安西さんとしては、目に見える功績がほしかったんです。でも、自身も幼稚舎の出身。にもかかわらず、そのブランド価値に傷をつけるような行動に打って出たことで、本来仲間であるはずの幼稚舎OB・OGたちから顰蹙を買う結果となり、塾長選挙も散々な結果に終わったんです」

この幼稚舎OBは、横浜初等部の方向性についても腹を立てている。横浜初等部の初代部長（校長）を務めた山内慶太氏（慶應大看護医療学部教授・医学部兼担教授）は、『三田評論』（２０１３年５月号）に寄せた「横浜初等部開校にあたって」という記事で、「慶應義塾にとっては、横浜初等部は幼稚舎と並ぶ二つ目の小学校である」と記している。

「なぜ、『幼稚舎と並ぶ』という書き方をするのか。『幼稚舎に続く』ならまだしも、明らかに横浜初等部を幼稚舎と同列に見ている証拠で、図々しいというほかない。やっと２０１９年春に最初の卒業生を送り出したばかりの学校が、１４０数年の歴史を持つ幼稚舎のブランド力のおこぼれにあずかろうというのが見え見えです」（同ＯＢ）

山内氏は記事の中でこう続けている。

「戦後、大学部分が大幅に拡大し、相対的に細くなってしまった一貫教育の幹をもう一度太くするのが初等部であり、幼稚舎と並んで、一貫教育のもう一つの源流ができたことの意味は大きいと思う」

幼稚舎ＯＢ・ＯＧたちをさらにカリカリさせるような文章だが、実は開校以降、「横浜初等部の評判はうなぎ上り」（進学塾の幼稚舎・初等部コーススタッフ）だという。

入試にペーパーテスト

「横浜初等部はまだ、最初の卒業生が出たばかりなので、はっきりしたことは言えませんが、幼稚舎の生徒よりも学力が上なのではないかという声が多いんです」と、塾スタッフは話す。その理由として、「幼稚舎の教育システムの〝いいとこ取り〟をする一方、生徒の学力アップのために、さまざまな点を改善している」ことを挙げる。

幼稚舎方式との一番の違いは、同校最大の特徴である「6年間担任持ち上がり制」を採用しなかったことだろう。6年間、クラス替えがなく、担任も替わらないこの方式は、生徒に対する細やかな対応ができるという点で、幼稚舎のブランド力を押し上げる原動力になっているが、横浜初等部はこの方式をあっさり捨てたのである。

代わりに導入されたのは、2年ごとのクラス替え。横浜初等部では、3年生に上がるときと、5年生に上がるときに、担任もクラスメイトも替わるのだ。

6年間担任持ち上がり制の弱点は、生徒も担任教員も逃げ場がないという点だ。第2章や第3章でも触れたが、生徒同士や生徒と担任の相性が悪いケースでも、6年間我慢しなければならないというのは、さまざまなトラブルを引き起こす原因となる。そこを乗り越えるには、伝統に裏打ちされた揺るぎない確信が必要なのである。

これまで、幼稚舎を真似て、6年間持ち上がり制を導入した私立小学校は少なくないが、そのほとんどは元のクラス替え方式に戻している。それくらい、その運用は難しいのだ。横浜初等部では、6年間持ち上がり制の困難さを考え、最初からクラス替え方式を採用したのだった。

「クラス替えに加え、教科担任制を導入したことが、横浜初等部の生徒の学力向上に役立っていると言われているんです」（前出・塾スタッフ）

教科担任制は専門の教員が科目ごとに授業を担当する方式で、主に中学・高校で採用されている。横浜初等部では、3年生から実施されている。

幼稚舎でも教科別専科制を敷いているので、あまり違いはないように思われるが、担任（学級担任）が受け持つ範囲はかなり違う。幼稚舎の担任は国語、社会、算数、総合（生活）と体育の一部を受け持つのに対し、横浜初等部の3年生以降は、担任の専門科目以外は、すべて専科教員が授業を担当する。

「つまり、横浜初等部ではより専門性の高い授業を展開しているということです。生徒にいかに楽しく学問に触れさせるかを重視する幼稚舎に比べると、横浜初等部は生徒に学力をつけさせることを優先している。入試で幼稚舎にないペーパーテストを実施しているのも、学校の授業についてこれるかどうかを見極めるためでしょう。生徒に出される宿題も、幼稚舎より横浜初等部のほうがだいぶ多いようです」（同）

横浜初等部の入試は幼稚舎と違って、一次試験と二次試験の2段階選抜方式で実施されている。年度によるが、二次試験は集団テスト（絵画・制作、行動観察）と運動テストによって行われ、幼稚舎の内容に近い。幼稚舎にない一次試験のペーパーテストでは、受験者の6割強が落とされ、二次試験に進めない。

「ペーパーテストの内容は、常識、図形、数量、言語、話の記憶などで、子どもの〝聞く〟〝見る〟〝考える〟能力を測るものになっています。生年月日による成長の差を考慮しながら判定しているようですが、すでに偏差値的な考え方が導入されています。落ちこぼれの生徒を出さないということに加え、将来、学力の高い生徒を輩出したいという、学校側の意図が感じられます」（同）

幼稚舎よりも高額な学費

学校の敷地面積も、幼稚舎2・1万㎡に対し、横浜初等部が3・8万㎡とかなり広い。都心からのアクセスについては、東京・広尾の一等地にある幼稚舎にはかなわないが、実はそれほど、横浜初等部が後塵を拝しているわけではない。渋谷から学校の最寄り駅である東急田園都市線の江田駅までは30分強。そこから徒歩約10分で学校に到着する。幼稚舎に登校するにはラッシュアワーの地下鉄やバスに乗らなければならないのに対し、横浜初等部は都心からは逆方向なので、電車で登校する場合は座って行けるのが強みだ。

しかも前述したように、幼稚舎のいいとこ取りをしている分、これまで同校が誇ってきたものと匹敵する部分が随所に見られる。たとえば、「理科」。力を入れているのは幼稚舎と同じだが、この科目の充実のために、「直接経験重視」の幼稚舎方式をそっくり真似した施設もある。天然芝を張ったグラウンド横に、さまざまな生き物が行き交う「ビオトープ」（湿地帯なども設けた生物群集の生息空間）を配したのである。

手本となった幼稚舎のビオトープは、首都高速道路の建設によって、学校の土地が分断されたため、校舎が建つ場所から地下道で渡る飛び地にある。まさに「都会のオアシス」だが、すぐ側を首都高が通っている環境では限界があり、あるがままの形で自然を再現するのは難しい。

一方、横浜初等部は横浜市という大都市に立地しながらも、まだ周辺に自然が残る青葉区の丘陵地帯にある。学校の敷地内にも、カブトムシをはじめ、さまざまな昆虫が集まりやすい樹木を植え、理科の「直接経験重視」を支える環境を演出している。

幼稚舎と横浜初等部のかかる費用についても比較しておこう。入学時に払い込むものとしては、幼稚舎が入学金34万円、授業料（年額）94万円、施設設備費（年額）13万円、教材費（年額）1万6480円、文化費（年額）2万円、給食費（年額）9万5000円で、計154万1480円。横浜初等部は入学金34万円、授業料（年額）94万円、施設設備費（年額）45万円、教材費（年額）2万円、給食費（年額）11万円で、計186万円。

横浜初等部のほうが約32万円も高くなっているが、これは主に施設設備費の差である。横浜初等部では、在学6年間で270万円も施設設備費を納めなければならないのだ。学校建設費の多くを父兄が負担させられていることになる。

いずれにしても、幼稚舎も横浜初等部もかかる費用は決して安くない。首都圏の私立小学校と比べると、幼稚舎で5割弱、横浜初等部で7割以上高い。しかも、かかる費用はそれだけではないのだ。幼稚舎、横浜初等部いずれも入学後、寄付金「教育振興資金」（1口3万円）を年間2口以上と学校債「慶應義塾債」（1口10万円）3口以上を納めなければならない。この2つは一応、任意となっているが、現実に断るのは難しく、必要な支出と考えていいだろう。このほかに、クラス費として毎年、幼稚舎では3万6000円、横浜初等部では3万円が徴収される。

「福澤先生の時間」を科目に採用

教育システムや工夫された施設をいろいろ見ていくと、横浜初等部の充実ぶりばかりが目につくが、前出の幼稚舎OBの連合三田会役員は「横浜初等部が幼稚舎に追いつくことは決してできない」と断言する。

「福澤諭吉先生の理念が学校に空気のように定着し、誰もが自然に母校への思い『慶應愛』を持つようになるのが我々の目指す地平。けれども、そこに到達するのは並大抵ではありません。横浜初等部はいかにも急ごしらえの感が否めない。どこをとっても、安普請の感じがする。慶應愛が育まれていないからでしょう」(同)

そうした危機感からか、横浜初等部の授業では、幼稚舎では見られない科目が導入されている。「福澤先生の時間」である。1年生から6年生まで、毎週1時限の授業が組まれている。低学年は福澤諭吉が著した子ども向けの本を読んだり、その生涯の話を聞く。高学年になると、福澤や門下生たちが日本の近代化に果たした役割や、慶應義塾の歴史について学ぶ。

「もちろん悪いことではないですが、こうしたやり方は付け焼き刃になりかねない」と首を傾げるのは、幼稚舎出身の慶應大の文科系教授。

「幼稚舎の教員は慶應出身者が多く、カリキュラムの中にわざわざ、福澤諭吉先生のことを勉強する時間をつくらなくても、普段からちゃんと、その精神を伝えるようにしていた。それを決まったひとつの科目にしてしまうと、逆に生徒にとっては、上から押しつけられる勉強という感じが強まって、むしろ、身にならない気がする。自発的に福澤先生のことを知りたいという方向になっていかないと、慶應を愛する心も生まれないのではないでしょうか」

幼稚舎出身者が誇れるのは、誰よりも慶應愛が強いことだと話すこの文科系教授。近年、横浜初等部の生徒も含め、塾生（慶應義塾の生徒・学生）たちの間で、そうした心が薄れていっている現実を目の当たりにさせられると嘆く。

「上に上がるほど、慶應愛が薄くなる傾向がある。大学から入った外部生で今、塾歌をまともに歌える人が非常に少ないことに驚かされます。応援歌の『若き血』は慶早戦での定番で、歌詞も非常に短いのに、それすら歌えない。母校愛が人一倍強い幼稚舎出身者からすると、外部生を見て、なぜこの人が慶應に来たのかと首を傾げてしまうような場面が多

いんです」（同教授）

次に、慶應愛に溢れた幼稚舎出身者の中から、特徴的な人物を取り上げてみることにする。

慶應愛に溢れた人々

慶應愛に溢れる異色の幼稚舎出身者といえば、最右翼はこの人だろう。1970年の大阪万国博覧会の巨大オブジェ「太陽の塔」を制作したことでも知られる日本を代表する芸術家、岡本太郎氏（1996年1月没、享年84）だ。

幼稚舎に在籍していた事実はあまり知られていないが、れっきとしたOBのひとり。ただ、「慶應愛に溢れる」という言い方には、異論を唱える人も少なくないと思う。慶應一筋というわけではないからだ。大学は慶應ではなく、東京美術学校（現東京芸術大）に進んでいる。それでも、なぜ慶應愛なのかという理由については後回しにして、簡単に岡本氏の少年期を振り返ってみる。

売れっ子漫画家の岡本一平と歌人・かの子の間に生まれた岡本太郎氏は、かなり変わった家に育った。父一平は放蕩三昧で家にほとんどいなかった。お嬢さま育ちの母かの子は家事がまったくできず、子育てもまともにせず、その上、夫公認の愛人を自宅に住まわせていた。そんな環境で育ったせいか、岡本少年は他人とコミュニケーションがうまくとれず、絵を描くことに没頭していた。

小学校は最初、進学校として知られる公立の東京・南青山にある青南小学校に入ったが、追い出されるように1学期で退学。その後も転校を繰り返したが、どこも馴染めず、かの子の希望もあって、寄宿舎のある幼稚舎に、1年生をもう一度やり直す形で入学した。のびのびとした教育方針をとる同校で、良き理解者の教師・位上清氏とも出会い、岡本少年は水を得た魚のように振る舞い、すぐにクラスの人気者になった。ただし、学業のほうはさっぱりで、成績は52人中52番だった。

すでに絵の才能を認められだしていた岡本氏だったが、普通部に上がった頃から、何のために描くのか、疑問を持ち始めるようになっていた。画家を目指さず、このまま慶應大に進みたいという気持ちが大きくなっていたが、迷った末、周囲の期待に応えるべく、東京美術学校に入ることにした。結局、岡本氏は美術学校を1年でやめ、パリに渡っている。

一番、岡本氏の肌に合っていたのは慶應の校風だった。権威主義的な東京美術学校は、幼稚舎、普通部と生徒の自主性を重んじる環境で育った人間には耐えられなかったに違いない。彼にとっての母校は、慶應しかなかったのだ。言葉でそれを言い表したことはないが、心のどこかに確実に慶應愛が息づいていたと、あの自由闊達な作風からも読み取れるのである。

同級生の岡本太郎と藤山一郎

岡本太郎氏が登場すれば、もうひとり、忘れてはならない人物がいる。幼稚舎で同級生だった国民的歌手の藤山一郎氏（1993年8月没、享年82）である。戦前から戦後を通じて、数多くのヒット曲を世に送り出すとともに、本名の増永丈夫の名前で、クラシックのバリトン歌手としても活躍。NHKの紅白歌合戦では指揮者も務めた。亡くなる前年には、国民栄誉賞も受賞している。

幼稚舎入学時にはすでに楽譜が読め、音楽家として大器の片鱗を見せていたが、それ以外の学業はいまひとつだったようで、クラスで岡本氏とビリ争いを繰り広げていた。後年、岡本氏からは「オレは授業をさぼって52番、増永はちゃんと授業に出て51番。本当のビリはオマエだ」とからかわれたという。

この藤山氏も幼稚舎OBらしく、慶應愛は非常に強かった。1927年、六大学野球・秋季リーグの早慶戦を前に、普通部の4年生だった藤山氏は、5年生を相手に応援歌「若き血」の歌唱指導を行っていた。「若き血」は音楽評論家・堀内敬三氏が作詞作曲した曲。まだ完成したばかりで歌える者がおらず、すでに音楽の才が認められていた藤山氏に指導を仰ぐことになったのだ。

当時、早稲田大に分が悪かった慶應大としては、相手が校歌で応援するのに対抗すべく、何としても若き血でチームを盛り上げなければならなかった。そこで誰よりも力が入ったのが藤山氏だった。容赦ない指導ぶりで、歌えない者は上級生であろうと、徹底的にしごいた。

試合当日、神宮球場にこの若き血の歌声が唸りのように鳴り響き、早稲田大を圧倒。連勝を果たした。が、試合が終わると、藤山氏は普通部5年生の数人に取り囲まれ、殴られてしまった。慶應愛が故の行きすぎた熱血指導ぶりは、一部の上級生のプライドを大いに傷つけたのだった。

慶應義塾や連合三田会の要職を歴任した資生堂の元社長・福原義春氏も、まさに慶應愛に溢れる人物だが、それは〝幼稚舎愛〟という言葉に置き換えたほうが、よりピッタリくるかもしれない。1931年3月生まれの福原は、幼稚舎高学年になる前後に太平洋戦争が開戦。中学に上がる頃には激化し、学校どころではなくなり、疎開を余儀なくされていた。そうしたこともあり、福原氏にとって教育の場というと、真っ先に幼稚舎の6年間が頭に浮かぶようだ。

担任は、慶應大出身の吉田小五郎氏。日本キリシタン史に精通し、教授からは大学に残るように勧められていたが、子どもが好きで、幼稚舎に勤務することを選んだ。吉田氏はのちに幼稚舎の舎長も務めた。福原氏はこの吉田氏にとてもかわいがられたという。

福澤諭吉の曾孫で、慶應義塾評議員会議長も務めた三菱地所の元社長・福澤武氏も、慶應愛では負けていない。幼稚舎5年生のときに肺結核を発症。何とか卒業したものの、療養生活を余儀なくされ、普通部に上がることは叶わなかった。

闘病は13年にも及んだ。23歳のとき、病状がだいぶ回復してくると、独学で大学入学資格検定に臨み合格。受験して、慶應大法学部に入学した。病気のために長期間、慶應を離れざるをえなかったにもかかわらず、再び戻ってきたのは、福澤諭吉のDNAを受け継いでいることよりも、幼稚舎での学校生活の思い出が、いっときも脳裏から離れなかったからだ。そして、療養生活を続ける中で、さらに慶應への思いが募っていったのだろう。

慶應を愛した〝風雲児〟

同様に、一度慶應をやめながら戻ってきたのは、いまは消滅した不動産開発投資会社イ・アイ・イ・インターナショナル（ＥＩＥ）の社長だった高橋治則氏である。父の高橋義治氏は住友系の商社・東洋物産（現テクノアソシエ）の常務だった人物で、テレビ朝日の前身の日本教育テレビの立ち上げにも関わり、全国朝日放送で取締役も務め、裕福な家庭を築いた。長兄の治之氏も塾高から慶應に入り、卒業後は電通に入社し専務まで務め、現在は東京オリンピック・パラリンピック競技大会組織委員会の理事に名を列ねている。

幼稚舎から慶應に入った次男の高橋治則氏は普通部から塾高に入学したが、まもなく事件が起こる。内輪のパーティ券を売りさばいていたことが発覚し、その首謀者と見なされた高橋氏が退学処分になったのだ。

世田谷学園に転校したあとも、遊ぶ相手は幼稚舎時代からの仲間だった。そして今度は、大学の一般入試を受けて慶應に戻ってくるのである。よほど水が合っていたというか、慶應以外の水は高橋氏にはまったく合わなかったのである。

高橋氏は法学部を卒業すると、日本航空に入社。まだ社員だったときに、ＥＩＥの前身の国洋開発を設立した。入社して8年後に日本航空を退社し、ＥＩＥの事業に専念するようになった。バブル期にはオーストラリアをはじめ世界各国でリゾート開発を手がけ、総資産は瞬く間に1兆円を超えた。

だが、まもなくバブルが弾けると、急速に経営状態は悪化。メインバンクの日本長期信用銀行からも支援を打ち切られ、再建が困難になり、ついには経営破綻に追い込まれる。そして1995年6月、高橋氏は東京地検特捜部に背任容疑で逮捕されてしまう。

「高橋さんは幼稚舎時代から親しかった同級生の会社からも多額の融資を受けていた。〝貧すれば鈍〟をまさに地で行く感じで、がっかりしました。ビジネスに慶應の友人を巻き込んでほしくなかった。それくらい、追い詰められていたんでしょうが、あれだけ慶應を愛している男でもああなってしまうんですね」と高橋氏を知る塾高OBは当時を振り返って嘆いた。

裁判で一貫して高橋氏は無罪を主張したが、地裁で懲役4年6カ月の実刑判決、高裁でも懲役3年6カ月の実刑判決が出ていた。最高裁に上告したが、その最中の2005年7月18日、高橋氏はくも膜下出血で突然亡くなってしまう。59歳の若さだった。

「高裁判決のあと、長銀が不法な手段でEIEから債権回収をしていた事実が判明。刑事告訴した整理回収機構が高橋氏の刑事上の責任を求めないとの意見書を最高裁に出してい

たので、生きていれば逆転無罪を勝ち取る公算が大きかった」(司法記者)
好きだった慶應を追い出され、また戻り、苦しくなると、幼稚舎の同級生まで利用した高橋。「時代の寵児」と持てはやされた男の人生はどこか切なかった。
ただ、救いだったのは、幼稚舎から歩いて15分ほどのところにある永平寺別院長谷寺で開かれた告別式に、2000人もの参列者が足を運んだことだった。その中には、幼稚舎以来の友人が数多く含まれていたという。

幼稚舎ラグビー部の華麗なる人脈

1986年1月15日、国立競技場に黒と黄色の縞のジャージが躍動していた。第23回日本ラグビーフットボール選手権大会(日本選手権)で、慶應大ラグビー部(正式名称「慶應義塾體育會蹴球部」)はトヨタ自動車を18対13で破り、初優勝を遂げた。

すでにこの頃は、社会人チームと大学チームの力の差が歴然とするようになっていた。その後、大学チームが優勝したのは2年後の第25回大会の早稲田大だけ。以降、現在まで大学の優勝は一度もなく、社会人にまったく歯が立たない状況が続いている。

そうした中で、慶應大が優勝したのは快挙といえるだろう。この試合の殊勲者は控えも含めた選手18人であるのは間違いないが、もうひとりの立役者がいる。監督を務めた上田昭夫氏である。

幼稚舎生の慶應への帰属意識

父は慶應大病院に勤める医師という恵まれた家庭に生まれた上田昭夫氏のラグビー人生は、幼稚舎から始まった。

第2章で触れたように、幼稚舎では5年生になると、クラブ活動を始める決まりになっている。そこでの出会いが生徒の人生に大きく影響するケースは少なくない。さまざまなクラブがある中で、もっとも強い絆で結ばれるのがラグビー部に入った生徒たちだ。

小学生にこれだけハードなスポーツは早すぎるような気もするが、学校側としても、「ひとりはみんなのために、みんなはひとりのために」というラグビーの精神が早いうちから植えつけられるメリットには代えがたいと考えているのだろう。上田氏も5年生からラグビーを始めた。

幼稚舎でラグビーと出会った生徒たちは、大学まで続けるケースが多い。すっかりラグビーの魅力に取りつかれてしまうからだ。そこで生まれる仲間との連帯意識は非常に強固である。

大学に上がると、1年生の上田氏は関東大学対抗戦の1試合目からスタンドオフとして起用された。相手は教育大（現筑波大）。格下に9対38と大敗し、敗因のひとつにハーフバックス（スクラムハーフとスタンドオフ）の1年生コンビの経験不足が挙げられた。以降の試合で、上田氏に出場の機会が与えられることはなかった。慶應は交流試合にも負け、その年度、大学選手権への出場を逃した。

2年目からは、上田氏はスクラムハーフに起用された。身長160センチ、体重60キロ。スクラムハーフは敏捷性が求められ、小柄な選手が就くことが多いポジションだが、そんな中でも上田氏の体は小さかった。幼稚舎時代からの長年の鍛錬で研ぎ澄まされていった判断力で、見劣りする体格をカバーした。

しかし、この年度はレギュラーとして定着することはできなかった。明治に21対34、早稲田に3対19と大敗すると、交流試合以降は出場メンバーから外された。慶應は日大との交流試合に勝ち、3年ぶりに大学選手権に出場したが、準決勝で早稲田に9対22で再び敗れ、シーズンは終わった。

この年度から、フォワードで試合に起用され始めたのが、幼稚舎で上田氏の1学年上の参議院議員・武見敬三氏だった。父は、慶應普通部から慶應大医学部に進み、日本医師会の会長を四半世紀にわたって務めた武見太郎氏（1983年12月没、享年79）。旧厚生省と徹底した対決姿勢をとり、「ケンカ太郎」と怖れられた。三男の武見敬三氏はテレビのワイドショーの司会やニュースキャスターを務めたのち、政治家に転身した。

上田氏と同様、幼稚舎5年生からラグビーを始めた武見氏は、その経験がアイデンティティを形成するもっとも大切な要素のひとつになっている。公式サイトの略歴には「小学校5年生ラグビー部所属、ラグビー東京都6中学リーグ戦優勝、全国高校ラグビー大会第三位（夢の花園ラグビー場）、全国学生ラグビー選手権大会第三位（レギュラー選手）」と、誇らしげに書かれている。

武見氏に限らず、一貫校出身のラガーマンはラグビー部や慶應への帰属意識が非常に強い。その度合いは、どの時点で慶應に入ってきたかで違ってくる。それは下（塾高・志木高→普通部・中等部→幼稚舎）にいくほど、より強くなっていくのである。

大学からの入学組は、なかなかチームに溶け込んでいけなくて苦労する。ラグビーは単にパワーや技術だけを競うのではなく、何より団結が問われるスポーツだからだ。一貫校からの持ち上がり組はすでに、その団結を確かめ合う十分な時間を集団ですごしてきたのだ。

実際に大学でレギュラーを張るのも、一貫校からの持ち上がり組が多い。1985年度の日本選手権でトヨタを破ったときのフィフティーンは11人が慶應義塾高校、1人が志木高出身で、大学受験して入ってきたのはわずか3人だった。

ラグビーに引き戻される

3年生となった1973年度、上田昭夫氏は完全にレギュラーの座を獲得した。しかし、明治と早稲田の壁は厚く、前年度に続き、関東大学対抗戦で連敗。交流試合で法政に勝ち大学選手権に進んだものの、再び準決勝で明治に敗れた。

4年生になると、上田氏は主将を任せられた。以前から、リーダーシップをとれる人間だと周囲の誰もが認めてきた。関東大学対抗戦では明治に23対17で5年ぶりに勝った。最後は上田氏からのブラインド攻撃でトライが決まり、勝利を引き寄せた。大学選手権の準決勝で再び明治と当たったが、今度は20対29で敗れ、上田氏の大学での選手生活は終わった。

1975年4月、東京海上火災保険（現東京海上日動火災保険）に就職。上田氏には選手を続ける気がないのだと周囲は思った。東京海上にはラグビー部がなかったからだ。

ところが、事態は急転する。ラグビー日本代表に選ばれ、7～8月、オーストラリア遠征に同行したのが大きな転機となった。上田氏は南オーストラリア選抜との試合に初出場し、21対17と勝利を収めた。遠征の最終戦にも出場。同国代表のワラビーズとのテストマッチに、日本代表は25対50とダブルスコアで敗れたが、当時の実力差を考えれば大健闘といえた。

この遠征で上田氏の心は大きく揺らぐ。選手を続けたいという気持ちが抑えきれなくなっていた。結局、東京海上火災保険を半年で退職。ラグビー部のあるトヨタ自動車工業（1982年～トヨタ自動車）に転職した。が、上田氏は1977年度に全国社会人大会と日本選手権を制した以外は、目ぼしい成績は残せなかった。松尾雄治氏率いる新日本製鐵釜石が1978～1984年度、社会人大会と日本選手権を7連覇するという黄金期に入っていたからだ。

1984年、上田氏は31歳の若さで、母校ラグビー部の監督に就任。翌年度、トヨタに勝って日本一になったのは前述した通りだ。なお、当時、上田氏はまだトヨタの社員だった。この試合を最後に監督を退任した上田氏は１９８７年、フジテレビに転職。政治部記者、キャスター、プロデューサーを歴任し、定年まで勤めた。

上田氏の監督退任後、慶應大ラグビー部は極度の不振に陥る。大学選手権はおろか、交流試合にすら出られない状況が続いた。１９９４年度から上田氏が監督に復帰。すぐにはチームの調子は戻らなかったが、監督5年目の１９９８年度、13年ぶりに日本選手権出場を果たすと、翌年度は決勝で関東学院大学を27対7で下し、大学日本一に輝いた。ちょうどラグビー部創部１００周年の節目の年度だった。

数々の栄光を慶應にもたらした上田氏だったが、２０１５年7月23日、62歳の若さで還らぬ人となる。線維状のタンパク質が臓器に沈着して機能障害を引き起こすアミロイドーシスという難病にかかり、前年秋から入退院を繰り返していた。猛暑の中、都内のカトリック教会で告別式が行われ、ラグビー部を中心に慶應関係者４００人が集まった。最後は歴代主将たちの手で棺が霊柩車に乗せられ、仲間たちが部歌を合唱し見送った。

持田昌典のラグビー漬けの日々

幼稚舎とラグビーという組み合わせは、財界でも非常に大きなインパクトを与える位置を占めている。上田昭夫氏の2学年下で、ゴールドマン・サックス証券（日本法人）の社長を務める持田昌典氏も不思議な存在だ。「ハゲタカファンド」と忌み嫌われながらも、しぶとく生き残ってきた。持田氏が財界から消え去らなかったことと、幼稚舎とラグビーというアイテムはまったく無縁とはいえない。

持田氏は1954年、父がウール製品の販売会社を経営する裕福な家庭に、長男として生まれた。自宅は渋谷区松濤《しょうとう》の高級住宅街にあり、6階建ての豪邸だった。

ちょうど、「教育ママ」という言葉が流行りだした頃である。持田氏は〝お受験〟で有名な港区西麻布の「若葉会幼稚園」に通った。同園は三井財閥の第10代当主・三井高棟《たかみね》によって1929年に創られ、戦前までは財界の子弟しか入園が許されなかった。戦後になると一般家庭の子弟にも門戸を開き、子どもの小学校受験を目指す父兄の間で注目を集めるようになった。松濤幼稚園、枝光会幼稚園（港区三田ほか）とともに「お受験御三家」と呼ばれ、幼稚舎にたくさんの生徒を送り出してきた。なお、松濤幼稚園は適当な後継者がいなかったため、2010年に閉園し、御三家という言い方もなくなった。

幼稚舎に合格した持田氏は5年生になると、当然のようにラグビーを始めた。同級だった慶應OBは中学高校時代を次のように振り返る。

「幼稚舎から上がってくる生徒の多くがそうなんですが、中学受験して入ってくる生徒と比べると、あまり勉強ができるようには見えなかった。ラグビーに打ち込み、机に向かうよりグラウンドで練習に没頭している姿が印象に残っています」

慶應大ラグビー部では、上田昭夫氏が主将を務める1974年度の途中から、フルバックとしてレギュラーに定着した。大学2年のときである。3年になると、学生ラグビーの日本代表にも選出された。4年のときは屈辱的な体験もしている。第53回早慶定期戦で3対46という歴史的大敗を喫したのだ。慶應の得点は前半に持田氏が決めたペナルティゴールのみだった。

大学でラグビー漬けの日々を送った持田氏が授業に出席したのは、4年間でわずか40日。それでも無事に卒業し、第一勧業銀行（現みずほ銀行）に就職した。「彼の場合は体育会系枠での採用だった」と話すのは持田氏を知る第一勧業銀行のOB。

同行でもラグビー部に入り活躍した持田氏だったが、大学で机に向かわなかった分を取り戻そうと、ラグビーの練習のかたわら、通信教育で経済や語学を勉強し直した。充実感に溢れる毎日を送っていたが、人生の歯車を狂わせる出来事が起こる。

「父親の会社の経営が傾きだしたんです。元々、業務の大半は持田君のお母さんが取り仕切っていたそうなんですが、彼が高校1年のとき、急逝してしまった。それから徐々に経営が悪化していくんですが、メインバンクの第一勧業銀行は支援しないばかりか、債権回収に走り、会社はそのまま廃業に追い込まれてしまったんです。その結果、松濤の家をはじめ、ほとんどの資産を手放さなければならなくなった。自分が勤める第一勧業銀行の冷たい仕打ちに相当ショックを受けたのか、それを境に彼の顔から持ち前の快活さが消えていったんです」(同OB)

仲間の目を非常に意識

入行9年目の1985年、持田昌典氏は社費留学制度を使い、アメリカ・フィラデルフィアのペンシルベニア大ウォートンスクールに留学。MBAを取得し帰国したが、第一勧業銀行に戻ってくることはなかった。そのまま、ゴールドマン・サックスに転職してしまったのである。

「第一勧業銀行への恨みもあったでしょうが、何より持田さんは以前の裕福な生活を取り戻したかったのではないか。日本の銀行でサラリーマン生活をしていても実現できないことがわかっているので、カネが稼げる外資に移ったんだと思います」と、第一勧業銀行の元同僚は推察する。

多くの社員が数年で転職していくゴールドマン・サックスで、持田氏は1988年ヴァイス・プレジデント、1992年パートナー、1998年東京支店長、2001年社長と、着実に階段を上がっていった。「儲かることなら何でも触手を伸ばし、利益を貪欲に取っていくやり方は、アメリカ本社に大いに評価された」と、同社元社員は話す。どこに利益を生むネタがあるか、常にアンテナを張っておかなければならない仕事だが、「意外にも、慶應人脈を積極的に使っている印象はあまりない」と、慶應出身の経済部記者は話す。

持田氏にとって、仕事上でもっとも重要だったパイプは慶應ではなく、大阪大出身の西川善文氏を中心とした人脈である。西川氏は住友銀行、三井住友銀行の頭取を歴任し、日本郵政の初代社長にも就いた財界の大物だが、持田氏はその懐に飛び込むことに成功した。

「持田さんは外資にはめずらしく、日本企業が使う古典的な手法でキーパーソンとの関係を構築してきた。これはと思う人物に近づきゴルフや酒席を重ね、その親族にもいろいろ便宜を図って、持ちつ持たれつの関係になっていくんです。幼稚舎出身の慶應ボーイとは思えない泥臭さでした」（元社員）

こうして築いた人脈を駆使して情報を収集し、企業の再編劇を次々に演出してきた持田氏だが、自身のビジネスと慶應人脈を結びつけるのを意図的に避けてきた節がある。
「慶應関係の団体が主催する講演などにはよく呼ばれていますし、ラグビー部OBのつながりもいろいろあるはずです。でも、そうした人脈を活用することは少ない。慶應出身の経営者と会う際に、覚えをよくするために、同窓であることを強調するケースはあっても、せいぜいその程度。持田さんは慶應関係者、特に幼稚舎OB・OGの間で『仲間を利用している』といった噂が流れるのを非常に怖れている。ラグビーで活躍したイメージを壊したくないんでしょう」（慶應出身の経済部記者）

聖域を守ろうとする姿勢が功を奏しているのか、実際、慶應関係者の間での評判は悪くない。持田氏の講演会は塾員や塾生からの人気も高く、優れた経済人として認知されている。慶應関係者と話していると、巷でよく聞かれる「アメリカのハゲタカの手先」といった陰口がまったくの誤解ではないかと思わせるほど、持田氏に対するイメージが世間のそれと異なっている。

「幼稚舎という、慶應の中で、もっとも慶應らしい部分を代表する立場をわきまえている以上、我々の批判の矛先が向けられることはないのです」

幼稚舎出身の連合三田会役員がこう話すように、彼らにとって大切なのは幼稚舎生のプライドを守ること。幼稚舎生を「内部」、それ以外を「外部」と呼ぶ感覚は、卒業後もずっと同じなのである。

引く手あまたの幼稚舎のプリンス

2014年5月、サントリーホールディングス社長就任が決まった新浪剛史氏に代わって、ローソンの社長に就いた玉塚元一氏は失敗を繰り返しながら、そのたびに周囲から引き上げられてきた。ここでも、幼稚舎とラグビーがキーワードになる。

2014年5月にローソン社長に就任した玉塚元一氏。写真：Rodrigo Reyes Marin／アフロ

玉塚氏はかつて存在した玉塚証券の創業家に生まれた。創業者は曾祖父。2代目社長の祖父は東京証券取引所の理事長も務めた。玉塚氏が生まれた年に祖父が亡くなり、父が社長を引き継いだが、1960年代半ばに起こった証券不況のあおりを受け、1

967年に別の3社と合併し、玉塚証券という社名は消滅した。

子ども心に悔しい思いをした玉塚氏だったが、オーナー家からサラリーマン家庭になっても、比較的裕福な暮らしは維持され、1969年、幼稚舎に入学した。幼稚舎入学組で大学でラグビー部に入っている部員は、これまで見てきた通り、幼稚舎5年生からラグビーを始めるのがいわば定番。ところが、玉塚氏は中学からのスタート。幼稚舎時代の玉塚氏は引っ込み思案で、なんとなく興味はあっても踏み切れなかったらしい。内気な性格を変えたいという思いもあって、中学に上がると一念発起してラグビー部に入ることにしたのだった。

大学のラグビー部では3年からレギュラーに定着した。ポジションはフランカー。フィフティーンの中でもっとも豊富な運動量が求められ、タフでなければ務まらない。のちに、仕事で〝起き上がり小法師〟のように何度も復活を遂げたのは、ラグビーで鍛えられた心身にあるのかもしれない。

4年に上がった1984年度は、前述したように上田昭夫氏が新監督に就任。下馬評通り、この年度の慶應は強かった。関東大学対抗戦では明治と早稲田をいずれも1点差の辛勝ながら撃破。8戦全勝で終えた。慶應の対抗戦全勝は29年ぶりのことだった。

中央大との交流試合にも勝ち、大学選手権に駒を進め、福岡工大、天理に勝ち、1985年1月6日、国立競技場で決勝戦を迎えた。相手は史上初の3連覇がかかる同志社。2016年10月20日に胆管がんのために53歳で亡くなった平尾誠二選手や、身長190センチの大八木淳史選手を擁し、こちらも前評判は高かった。

前半は同志社が慶應を圧倒した。前半3分、センターの平尾選手が先制のトライ（当時は4点）を決め、17分にもスクラムハーフの児玉耕樹選手がトライ。慶應はペナルティゴールの3点のみ。3対10で前半を折り返した。

後半に入ると膠着状態が続き、点が入ったのは5分に慶應が決めたペナルティゴールだけで、6対10のままロスタイムに入った。攻める慶應はスクラムから左に展開し、主将を務めるセンターの松永敏宏選手からパスを受けたフルバックの村井大次郎選手がポスト左に飛び込み同点に追いついたかに見えた。

だが、レフェリーの笛は無情にもスローフォワードを告げ、そのままノーサイド（試合終了）となった。いまビデオを見返しても、スローフォワードかどうかは微妙なところ。のちに「幻の同点トライ」と語り継がれることになったが、ラグビーにおけるレフェリーのジャッジは絶対である。慶應側は誰ひとり文句をつけることなく、シーズンを終えたのだった。

腰かけ入社の目的

玉塚元一氏はそこでラグビー人生を終えることになった。だいぶ前から、大学を卒業したらやめることに決めていた。玉塚氏を知るラグビー部OBは次のように話す。

「ラグビー部の3～4年生になると、OBでつくる黒黄会（同窓会）のメンバーが就職の話をいろいろ持ってくる。特に多いのがラグビーの実業団がある企業からの誘い。OBから言われると、なかなか断るのが難しくて、気が弱い部員だと流されるままに、行きたくない企業に入ってしまうこともしばしばあるんです。玉塚君はそれが嫌で、最初から社会人ではラグビーはやらないと決め、そうした話はきっぱりと断るようにしていたんです」

幼稚舎では内気な少年だった玉塚氏も、ラグビーで鍛えられるうち、自分の意思をしっかり表明する逞しい青年に成長していた。就職先は、ラグビー部OBが多い金融や商社ではなく、メーカーに行くことにした。精神的に一度、リセットしたかったのだ。それと、メーカーのほうが海外に行くチャンスが多いということもわかってきた。これからは国際舞台で活動しなければ、ビジネスマンとしての飛躍はないと感じていた。玉塚氏が最終的に選んだのは、三菱グループに属するガラスメーカー世界最大手の旭硝子だった。

入社4年目に念願の海外赴任。シンガポール支社に4年間、駐在し、生産・物流拠点づくりに尽力した。1997年には社費留学制度を使い、アメリカに渡り、ケース・ウェスタン・リザーブ大大学院でMBA、サンダーバード国際経営大学院で国際経営学修士号を取得した。

しかし、帰国しても旭硝子には戻らず退職し、日本IBMに転職した。このあたりは、前出の持田昌典氏と似ているが、より条件のいいところを求めた持田氏とは、玉塚氏の目的は少々違った。

「玉塚君は将来、経営者になることを前提に行動を決めていた。もし、旭硝子に残ってトップに登りつめたとしても、少なくともあと20年以上はかかる。だとしたら、このまま階段を登っていくよりも、スキルを磨いてプロ経営者を目指したほうがいいのではないかと考えたんです。転職先に日本IBMを選んだのも、そこにずっといようというのではなく、財務やコンピュータを学ぶのが目的だったんです」(ラグビー部OB)

玉塚氏の日本IBMへの転職は、いわゆる腰かけ入社だった。こうした発想は、一般のサラリーマン家庭で育った人間にはなかなか出てこない。就職の目的は通常、こういう仕事がやりたいとか、生計が成り立つように収入を得たいといったことである。幼稚舎出身の御曹司たちにとって、就職する目的は、家業に入ったときのために、銀行や取引先、業界との関係を強化しておきたいという経営側の都合が前提になっている。

玉塚氏の場合でいえば、幼少の頃、家業を失った悔しさもあったのだろう。同じ会社を再興することは叶わないまでも、経営者として一本立ちしたいという気持ちはずっと持ち続けていた。腰掛け入社する御曹司の多くがそうであるように、就職はその企業に入ることが目的ではなく、近い将来、経営側に立った時に切り盛りするための手段にすぎないのである。結局、玉塚氏が日本IBMにいたのはわずか4カ月だった。

年上に好かれる〝人たらし〟

IBMのコンサルティングを企業に売り込むのが、日本IBMで玉塚元一氏に与えられた仕事だった。3社目にユニクロを展開するファーストリテイリングを訪れた。社長の柳井正氏を前にしてプレゼンテーションをしたものの、やたらと英語の専門用語を使い、肝心の内容がまったく伝わらない拙いものだった。

この男、大丈夫なのかと柳井氏は心配になって、思わず「君は何をやりたいのか」とたずねた。玉塚氏が「将来、起業したい」と正直に打ち明けると、自分の責任で計画を立て実行に移すという試行錯誤を何度も繰り返していかないと経営者にはなれないと説教された。衝撃を受けた玉塚氏は、ファーストリテイリングに転職することを決めた。1998年暮れのことである。それから4年後、柳井氏は会長に就任し、社長を玉塚氏に任せた。

「玉塚君は〝人たらし〟なんです。特に年上の人に好かれる」と話すのは前出のラグビー部OBだ。

「彼に限らず、幼稚舎出身者は年配からかわいがられやすい。彼らは大人になっても、どこか無邪気なんです。同世代同士だと、物の言い方があけすけで、失礼じゃないかと思うこともあるんですが、年が離れていると、そうした態度はむしろフランクに感じるようです。私のような大学から慶應に入った人間からすると、些末なことを気にしない幼稚舎の人たちを羨ましく感じることがあります」

玉塚社長体制になってからも、ファーストリテイリングは業績を伸ばしていたが、2005年9月突然、玉塚氏は社長を退任する。事実上の解任だった。オーナーの柳井氏が考える成長のスピードよりもずいぶん遅く、ベンチャー精神を失い、安定の上に胡坐《あぐら》をかく玉塚氏に不満を持ち始めたのだ。

柳井氏のもとを去った玉塚氏は、ファーストリテイリングの副社長だった澤田貴司氏（現ファミリーマート社長）と企業再生事業会社リヴァンプを設立。2006年、ハンバーガーチェーンのロッテリアと経営委任契約を締結し、玉塚氏は同社の会長兼CEOに就任した。

「業績が低迷するロッテリアの再生を任されたわけですが、玉塚氏は右肩下がりを食い止められず、2010年3月、契約が完了すると、そのまま会長を退任。ファーストリテイリングでの解任騒動も含め、玉塚氏の経営者としての資質に疑問符がつけられたんです」（飲食関連業界紙デスク）

厳しい評価が増える中でも、玉塚氏を買っている経営者はまだたくさんいた。慶應とラグビーという組み合わせに加え、幼稚舎出身という毛並みの良さは強力な武器だった。ロッテリア会長を退任した玉塚氏に声をかけたのは、当時ローソンの社長で、慶應の同窓の新浪剛史氏だった。ただ、同じ慶應でも新浪氏が4年先輩で、学部も違うため、大学での接点はなかった。また、新浪氏は大学から慶應に入ったので、両者をつなぐ人的なパイプも、特にあったわけではない。

「きっかけは雑誌の対談です。玉塚さんがファーストリテイリングの社長になったのと、新浪さんがローソンの社長になったのがほぼ同時期で、プリンス対決のような感じで、一緒に取り上げられることが多くなった。何度か対談しているうち、意気投合して、ときどき会食する仲になったんです」（元雑誌編集者）

不死身のように何度でも立ち上がる

慶應ということ以外で2人の共通点はスポーツ。大学ラグビーのスター選手だった玉塚氏ほどではないが、新浪氏も高校時代、バスケットボールで国体に出場するなど、そこそこ鳴らした選手だった。ただ、慶應に入ると、まったく経験のない器械体操部に入り、選手としてより、体育会の裏方として活動した。

2人とも、就職すると、スポーツとはきっぱり縁を切ったのも似ている。上昇志向、そして海外志向が強いのも共通点だった。三菱商事に入った新浪氏は傍系の砂糖部に回されたが、腐らず中国市場を開拓して成果を上げた。社費留学制度を使ってアメリカに留学し、MBAを取ったのも、玉塚氏と一緒である。

話題が合いやすく、玉塚氏をすっかり気に入った新浪氏は、まだリヴァンプに籍があった相手を熱心にくどいた。すでに新浪氏は近い将来、ローソンを出ることを考えていたのかもしれない。後継者に玉塚氏が適任だと思ったのだ。

顧問を経て2011年1月、玉塚氏は正式にローソンに入り、副社長に就任。2014年5月に社長に昇格したのち、2016年6月には会長兼CEOに就任した。後任の社長となったのは、2014年5月に三菱商事からローソン入りし、副社長に就いていた竹増貞信氏だった。玉塚氏がコンビニ事業、竹増氏が高級ストアを担当する二頭体制になった。

だが、玉塚氏にとっては厳しい現実が待っていた。コンビニ事業は伸び悩む一方、高級ストアは絶好調という状況に、玉塚氏の立場も微妙になった。

ローソンの親会社の三菱商事は、歴史的にも人脈的にも慶應との関係が深い企業。しかし、玉塚氏が幼稚舎出身のいわば血統書付き慶應純血種であっても、三菱商事にとっては所詮は外様であり、どうしても守らなければならない相手ではなかった。結局、2017年5月、玉塚氏は会長を退任。ローソンを去ることになった。

これまで〝捨てる神あれば拾う神あり〟で、曲がり角に来るたびに救世主が現れてきた玉塚氏。だが、ファーストリテイリング、ロッテリア、ローソンと、相手が求める成果が出せなかっただけに、「4度目の正直は厳しいのでは」（業界紙デスク）と見られていた。

ところが、今回もまた、玉塚氏に来てほしいという企業がすぐに現れたのである。ローソン会長を退任した翌月の2017年6月、東証一部上場のソフトウェア検査企業ハーツユナイテッドグループ（現デジタルハーツホールディングス）に、社長兼CEOとして迎え入れられたのだ。

さすが、幼稚舎出身のプリンス。経営手腕に関しては、少し甘いところがあるとされながらも、「企業の顔」としては引く手あまたなのである。

ラグビー人脈のきらびやかな系譜

1985年1月6日の大学選手権決勝で同志社に敗れたフィフティーンには、玉塚氏以外にも幼稚舎出身は多い。ウイングの市瀬豊和氏は事務用紙製品の製造販売「山櫻」の創業家出身で、現在社長を務める。慶應出身の御曹司に幼稚舎というアイテムが加わると、さらに腰かけ入社の確率は高まるが、市瀬氏もご多分に漏れず、よくある道筋を通ることになった。三菱銀行（現三菱UFJ銀行）に腰かけ入社したのち、家業に入った。

「市瀬はラグビーの強豪のサントリーからも誘われていたんですが、将来のことを考えて銀行を選んだんです。大学に上がる前、高校ジャパンにも選ばれた逸材で、続けていれば活躍できたはず」と、ラグビー部OBは残念がる。

これは市瀬氏に限った話ではないが、ラガーマンは周囲から頼りにされるタイプが多い。市瀬氏は1985年卒の年度三田会（126三田会）の世話人を務め、同年度が当番となった2015年の連合三田会大会（同窓会最大のイベント）では、実行本部長として運営を取り仕切った。

スクラムハーフの生田久貴氏も幼稚舎から慶應に入った。市瀬氏と同級だが、卒業年は1年遅い。取得単位が足りず留年しているからだ。怪我の功名というべきか、留年したおかげで86年1月15日の日本選手権にも出場することができた。トヨタ自動車を破り日本一の快挙を達成し、思いもかけぬ美酒を味わったのだった。

生田氏も自動車部品メーカー大手「ミクニ」のオーナー家の御曹司だった。しかし、家業を継ぐつもりはなく、腰かけ入社ではなく、骨を埋めるつもりで三菱商事に入社した。ラグビーも卒業を機にやめるつもりだった。やることは十分やり尽くしたという気持ちだったのだろう。生田氏が選んだ三菱商事はラグビーとは縁のない企業だった。

ところが、生田氏の想定とは異なる事態が起こる。日本代表に選出され、再びラグビーの世界に戻されてしまうのだ。三菱商事に許可をもらい、オーストラリアで開かれた第1回ワールドカップにも出場した。1次リーグ3戦3敗で敗退したが、初戦のアメリカ戦は

18対21の惜敗。日本チームはペナルティキックを5回も外しており、悔やまれる試合だった。

その後は三菱商事の仕事に専念し、南アフリカに赴任していたが、父の説得を受け、日本に戻りミクニに入社した。２００8年からは父の跡を継ぎ社長に就任。２０１５年には東証二部から一部への指定替えも果たした。

同志社戦には出場していないが、この年度から試合に出るようになったのが、幼稚舎で玉塚氏、市瀬氏、生田氏より1級下の山越克雄氏。１８９センチ１００キロの体格を生かし、ロックを務め、翌年のトヨタ戦では力強い突進で相手にダメージを与え続け、日本一に貢献した。

この山越氏はその後、姓を変えている。「福澤克雄」というのが現在の名前だ。知る人ぞ知る、ＴＢＳテレビの演出家である。富士フイルムを経てＴＢＳに入社した福澤氏は、「3年B組金八先生」「半沢直樹」「下町ロケット」「陸王」をはじめ、たくさんのヒット作を手がけてきた。

しかし、それだけでこの人物の説明を終わらすことはできない。福澤克雄氏は福澤諭吉の玄孫《やしゃご》なのである。

幼稚舎のラグビー人脈を追っていくだけでも、きらびやかな系譜が次々に出てくるが、彼らに共通しているのは、いつなんどきでも〝さわやか〟であるという点だ。どんなに成功していても、それをひけらかしたり、鼻にかけることは決してない。見栄を張る必要など、これまでなかったに違いない。

そうしたことを「育ちの良さ」というのだろう。ただし、幼稚舎にいる誰もが上品で裕福な家庭に育ったわけではない。「朱に交われば赤くなる」ということわざがあるが、どちらかといえば、悪い意味で使うケースのほうが多い。だが、幼稚舎では逆。この学校では、生徒一人ひとりの個性を生かしながらも、6年間で「幼稚舎生」というエグゼクティブを創り上げていくのである。

あとがきに代えて――「幼稚舎伝説」

幼稚舎にまつわるトリビア（豆知識）でよく耳にするのが、「一流ホテルが給食を作っている」というもの。

１９９９年、幼稚舎は創立１２５周年を迎えた。その記念事業として、「新館21」（半地下1階、地上4階）を建設。２００２年に完成した。その目玉が半地下に設けられた「けやきホール」という食堂である。ホールは南・西・北の3方向が大きな窓ガラスで囲まれ、周囲の木々の間から柔らかい木漏れ日が入ってくる。収容人数は３５０人。2学年が一度に食事ができ、低学年、中学年、高学年が時間をずらし、交替で給食をとる。

それまで給食は各教室で配膳していたが、衛生面で問題があった。第1章でリポートしたように、１９９０年代、幼稚舎はイギリスの小学校との交流を進めていた。それらの学校ではどこも食堂が設置されていて、視察に訪れた教員たちは、幼稚舎にもこうした施設が必要との思いを強めていった。その後、けやきホールの計画が具体化していくのだが、追求したのは衛生面だけではなかった。「美味しい給食」の実現である。

これは、福澤諭吉の精神にも通じる部分がある。福澤が創刊した新聞「時事新報」では、日本の新聞史上初めて、料理レシピを紹介する記事を連載。女性読者獲得の狙いもあったが、何より、子どもに美味しい料理を作ってあげてほしいとの願いが込められていた。

けやきホールで供される給食も、舌鼓を打つ生徒たちの姿を見たいという意図が強く感じられる。食堂の運営を任されているのは、国内ホテル御三家のひとつ「ホテルニューオータニ」。同ホテルのシェフがメニューを監修し、洗練されたスタッフたちが調理する。その料理を生徒たちは並んで、カフェテリア（セルフサービス）方式で皿に盛ってもらう。

味についても評判は上々だが、気になるのはそのお値段。給食費は年間9万5000円（2018年度）。1食あたり約450円の計算になる。公立に比べると倍以上だが、その内容から考えると、決して高いとはいえない。

もうひとつのトリビアは、下駄箱がないこと。生徒たちは登校して校舎内に入っても、靴を履き替えることなく、そのまま教室に向かう。幼稚舎では上履きが必要ないのだ。

上履きの習慣は、日本独特のもの。土足厳禁の場所では、外から履いてきた下履きを脱ぎ、専用の上履きに履き替える。古くからあった文化だが、明治時代、各地で設立された小学校の多くでも、同様の方式が採用された。当初、学校の建物は民家や寺の転用で、室内が畳敷きだったため、下履きを脱ぐ必要があったのだ。その後、教室は板張りに変わっていったが、上履きの習慣はそのまま残り、現在に至っている。

一方、幼稚舎ではいつから上履きをやめたのだろうか。はっきりした記録は残っていないが、かなり早い時期だったと推察される。上履き廃止の理由は、本編でも紹介した福澤諭吉の初等教育に対する「先ず獣身を成して而して後に人心を養う」という考え方にある。からだを鍛える大切さを謳ったものだが、それが上履き廃止とどう結びつくのか、にわかにはわかりにくい。要は、「子どもを外で遊ばせなさい」という意味なのだ。休み時間になると、生徒はグラウンドに出て、からだを動かすことが奨励される。といっても、それほど休み時間は長いわけではない。上履きから下履きに履き替える時間が惜しいのである。実際、授業終了のチャイムが鳴ると、生徒たちは一斉にグラウンドに飛び出していく。

美味しいものを食べ、よく遊び、自由を謳歌する。その一方で、教育システムは日々、進化を続ける。さすが、「国内最高峰の小学校」と称されるだけのことはある。

最後に、幼稚舎OB・OG、父兄、慶應関係者など、取材に協力していただいた方々、そして、出版に尽力してくれた編集者の板本真樹氏にお礼を申し上げたい。

２０１９年４月吉日

田中幾太郎

主な参考文献

『福澤諭吉の小学塾　慶應義塾幼稚舎』中川真弥著（萱原書房）
『吉田小五郎随筆選　第一巻　幼稚舎家族』吉田小五郎著（慶應義塾大学出版会）
『慶應義塾幼稚舎の理科教育』相場博明ほか著（慶應義塾幼稚舎）
『ＡＩ時代のリーダーになる子どもを育てる』鈴木二正著（祥伝社）
『福翁自伝』福澤諭吉著（慶應義塾大学出版会）
『私が40年間実践してきた慶應義塾幼稚舎での教え方』中山理著（新人物往来社）
『慶應三田会の人脈と実力』田中幾太郎著（宝島社）
『慶應義塾幼稚舎入試問題集２０１９』（伸芽会教育研究所）
『慶應義塾体育会蹴球部百年史』慶應義塾体育会蹴球部黒黃会編（慶應義塾大学出版会）

田中幾太郎（たなか・いくたろう）

1958年、東京都生まれ。『週刊現代』記者を経てフリージャーナリスト。慶應義塾幼稚舎や三田会の記事を各種雑誌で執筆。他に医療問題や企業の経営問題など。著書に『慶應三田会の人脈と実力』『三菱財閥最強の秘密』（以上、宝島社新書）、『本日より「時間外・退職金」なし』（光文社ペーパーバックス）、『東京ディズニーリゾート　暗黒の軌跡』（リベラルタイム）。

ベスト新書
600

慶應《けいおう》幼稚舎《ようちしゃ》の秘密《ひみつ》

二〇一九年四月三十日　初版第一刷発行

著者◎田中幾太郎《たなかいくたろう》

発行者◎塚原浩和
発行所◎株式会社ベストセラーズ
東京都豊島区西池袋五-二六-一九
陸王西池袋ビル四階　〒171-0021
電話　03-5926-6262（編集）
03-5926-5322（営業）
装幀フォーマット◎坂川事務所
装幀◎フロッグキングスタジオ
印刷所◎錦明印刷
製本所◎ナショナル製本
ＤＴＰ◎オノ・エーワン

ISBN 978-4-584-12600-4 C0237